大型建设工程项目
动态供应链管理决策模型
及应用研究

DAXING JIANSHE GONGCHENG XIANGMU
DONGTAI GONGYINGLIAN GUANLI JUECE MOXING
JI YINGYONG YANJIU

刘秋蕊 著

中国财经出版传媒集团
经济科学出版社
Economic Science Press
北京

图书在版编目（CIP）数据

大型建设工程项目动态供应链管理决策模型及应用研究/刘秋蕊著. --北京：经济科学出版社，2023.7

ISBN 978 - 7 - 5218 - 4882 - 3

Ⅰ.①大… Ⅱ.①刘… Ⅲ.①基本建设项目 - 工程项目管理 - 供应链管理 - 研究 Ⅳ.①F284

中国国家版本馆 CIP 数据核字（2023）第 118668 号

责任编辑：胡成洁
责任校对：郑淑艳
责任印制：范 艳

大型建设工程项目动态供应链管理决策模型及应用研究

刘秋蕊 著

经济科学出版社出版、发行 新华书店经销

社址：北京市海淀区阜成路甲 28 号 邮编：100142

总编部电话：010 - 88191217 发行部电话：010 - 88191522

网址：www. esp. com. cn

电子邮箱：esp@ esp. com. cn

天猫网店：经济科学出版社旗舰店

网址：http：//jjkxcbs. tmall. com

北京季蜂印刷有限公司印装

710 × 1000 16 开 9.75 印张 200000 字

2023 年 7 月第 1 版 2023 年 7 月第 1 次印刷

ISBN 978 - 7 - 5218 - 4882 - 3 定价：56.00 元

（图书出现印装问题，本社负责调换。电话：010 - 88191545）

（版权所有 侵权必究 打击盗版 举报热线：010 - 88191661

QQ：2242791300 营销中心电话：010 - 88191537

电子邮箱：dbts@esp. com. cn）

序

　　大型工程建设项目是国家固定资产投资和扩大再生产的重要形式，对国民经济发展起着重大作用。随着经济的快速发展，作为支撑我国经济发展的支柱产业之一，建设行业在市场格局、产业结构、金融服务体系等方面都发生着变革，它们也给工程项目管理带来了新的机遇和挑战。

　　基于供应链的项目管理模式是工程项目管理发展的必然趋势。在工程建设领域，企业面临一个动态复杂、需求不确定的买方市场环境。为了响应动态不确定性和市场波动等风险，降低成本、提高管理效率，越来越多的建筑企业开始重视工程建筑项目的实现过程，注重基于供应链的工程项目优化决策，希望运用供应链管理、系统集成、信息共享与合作的思想理念，对项目管理决策进行优化。基于供应链管理的思想，决策者可以提高物资需求预测精确度、合理安排生产计划等，优化决策，提高工程项目管理效率。调查表明，供应链管理可以有效缩短建设周期，平均降低工程总成本 10%～15%，大幅度提高业主满意度。因此，建设行业的竞争逐渐演变为围绕核心企业形成的供应链之间的竞争。为了适应这种竞争合作性市场，建筑业的管理者越来越关注寻找建筑工程领域更有效的供应链管理方式。在运营层面对工程项目活动进行管理决策优化是提高供应链绩效的一个非常有效的途径，因此，工程项目采用供应链管理思想是企业的必然选择。如何利用工程供应链管理的思想，更好地对大型工程建设项目的物资采购、库存、生产等活动进行管理，寻找降低成本、减少资源浪费和供应延迟的方法，是摆在我国工程建设行业有关企业、管理人员和研究工作者面前的重要课题。

　　近年来，许多工程行业的管理者和研究者意识到将工程供应链的知识整合到项目管理中的重要性。本书介绍了工程供应链管理理论从 20 世纪 90 年代至今30多年的进展情况，反映了国际学术界工程供应链管理的最新研究动态。如今，工程供应链管理主要的研究热点有建筑供应链信息化、工程供应链合作关系研究、工程供应链集成管理、工程供应链决策模型、供应链风险管理、工程供应链绩效评价等。其中，工程供应链决策模型是一个重要的研究分支，也是本书关注的研究领域。

本书主要运用决策优化理论技术，以多目标多阶段决策理论知识和模糊决策理论知识为基础，以我国大型建设工程供应链项目物资管理活动实际需求为出发点，基于工程供应链管理思想，将工程供应链上多个功能要素进行统一规划和集成管理，对模糊、随机、不确定环境下的工程供应链项目物资供给活动决策优化问题进行模型研究和案例模拟应用研究。运用数学建模与定量分析的方法从工程供应链微观运作层面研究其成本控制、减少供应延迟或质量改进等方面的决策优化方法，依次构建关于工程供应链采购与库存决策优化问题、考虑可变提前期的多目标物资采购决策优化问题、关于工程供应链采购与生产集成管理决策优化问题的概念模型和抽象化数学模型。针对我国大型建设工程的特征，构建了新的动态多目标多阶段决策优化模型，有针对性地设计智能算法，并将优化决策模型和算法模拟应用于我国水利水电工程建设案例中，对其可行性和实用性做进一步的分析验证，以期为实践应用提供管理启示。本书努力做到理论与实践相结合，希望能为提高我国工程建设类企业供应链管理效率和供给能力贡献一点力量。

本书在编写过程中参阅和借鉴了国内外许多专家学者的研究成果，在此向有关作者表示衷心的感谢。由于作者的学识、经验和理论水平有限，以及对于大型建设工程项目管理实务的认识不够深刻，书中疏漏与谬误在所难免，敬请广大读者赐教、指正，谨致谢忱。

作者电子邮箱：qiurui. liu@ wit. edu. cn。

刘秋蕊
2023 年 4 月
武汉工程大学

目　　录

第1章
绪　论

"十四五"规划指出，推进新型基础设施、新型城镇化、交通水利等重大工程建设，支持有利于城乡区域协调发展的重大项目建设。[①] 工程建设项目是国家固定资产投资和扩大再生产的重要形式，对国民经济发展起着重大作用。随着经济的快速发展，作为支撑我国经济发展的支柱产业之一，建设行业无论在市场格局、产业结构、还是金融服务体系等方面都在逐步发生着变革，给工程项目管理带来了新的机遇和挑战。

市场竞争日益激烈、信息技术的迅猛发展强化了企业之间的信息共享、相互协作与竞争。在工程建设领域，企业面临的是一个动态复杂、需求不确定的买方市场环境，竞争也逐渐从单个企业之间的竞争演变为围绕核心企业形成的供应链之间的竞争。为了适应这种竞争合作性市场，工程项目采用供应链管理思想是必然的，基于供应链的工程项目管理必将成为建筑企业开拓竞争优势的重要手段。企业致力于不断管理和优化工程供应链，提高自身竞争力，促进可持续发展，达到供应链多方共赢的目的。

工程供应链是工程管理学科一个重要的研究领域。许多工程行业的管理者和研究学者意识到了将工程供应链的知识整合到项目管理中的重要性（李毅鹏和马士华，2013；时茜茜等，2017）。供应链中断将给项目的成功和交付带来严重的问题，导致成本超支和时间延误（Wu P，Xu Y et al.，2019）。提高工程供应链每个节点的附加值，并寻找减少资源浪费、避免供应链中断和供应延迟的方法是推行工程供应链的必然趋势。在运作层面对项目活动管理进行优化

---

① 新华社：《中国共产党第十九届中央委员会第五次全体会议，中共中央关于制定国民经济和社会发展第十四个五年规划和二○三五年远景目标的建议》，2020 年。

是提高供应链绩效一个非常有效的途径，因此，基于工程供应链为视角对我国大型建设工程项目管理问题进行决策优化具有积极的现实意义。

一般而言，大型建设工程项目具有不确定性和动态性的特点，由于不可预见的情况，大型建设工程项目管理往往受到各种不确定因素的影响。通常考虑两种类型的不确定性：一类是由外部力量引起的客观不确定性，如需求动态调整，材料价格波动、产品结构、设备故障、可变任务时间、排队延误、多项目协调影响等。另一类是内部的主观不确定性，如决策者的感知、偏好、经验、纠纷，或由于缺乏统计数据，管理者只能用不精确的语言描述引起的不确定性。对此，随机理论可以处理客观信息的不确定性，模糊理论可以处理主观信息的不确定性。当前工程供应链不确定性研究主要集中在随机不确定性上。实际上，模糊性和随机性，甚至是双重不确定性都应该在决策过程中加以分析和处理。工程建筑行业是一个不断变化的市场，加之大型工程项目通常是一个长期的过程，短则几个月长则数年，随着时间阶段的推移，工程供应链不断动态变化。因此，在有限的工期内，项目活动管理是一个多阶段的动态决策过程。这种不确定的动态工程供应链环境对项目管理的定量分析和精确分析带来了很大的挑战。

为了响应动态不确定性变化和市场波动等风险，降低成本和提高管理效率，越来越多的建筑企业开始关注工程建筑项目的实现过程，注重基于供应链的工程项目优化决策（许杰峰和雷星晖，2015）。管理者希望运用供应链管理系统、集成、信息共享与合作的思想理念（刘平和李启明，2017；胡文发等，2017；黄恒振，2019），对项目管理决策进行优化。例如，动态的市场变化、多种不确定因素的影响以及物料需求多样性等特点导致工程项目供应链上物资需求和供应的匹配产生了困难，加大了供应链采购与供应的难度。基于供应链管理的思想，决策者可以通过提高物资需求预测精确度、合理安排生产计划等优化决策提高工程项目管理效率。有的学者指出建设行业中加强合同商之间的协作可以提高工程供应链中的采购与生产计划水平（Akintoye A et al.，2000；许婷，2009）。胡文发等（2017）通过构建基于建筑信息模型（Building Information Modeling，BIM）和供应链集成的可视化管理系统解决我国大型建筑安装工程管线布置和交叉作业问题，提高了管理效率。调查表明供应链管理可以有效缩短建设周期，平均降低工程总成本 10% ~ 15%，大幅提高业主满意度（Cooper MC et al.，1997），基于供应链的工程项目管理模式是项目管理发展的必然趋势。

基于供应链的思想是将工程供应链上各个功能要素进行统一规划和集成管理。在许多行业中，关于供应链管理流行的趋势是抓住和创造供应链上采购、生产与物流环节上的价值。同样，在工程项目管理中，对采购、生产与物流问题的决策优化是提高工程供应链竞争力的主要内容和重要手段。本书基于工程供应链的思想对工程项目中的采购、生产集成与物流问题进行研究，考虑了工程项目动态不确定性的特点，实现了多维度的管理目标，可有效地降低运营成本、提高管理效率。

本书以模糊随机理论、多目标多阶段决策技术及启发式算法为研究工具，基于工程供应链的思想，对模糊随机环境下的大型建设工程项目活动管理问题进行研究。引言介绍了问题的研究背景，工程供应链的概念、定义及其系统结构和特征，梳理和总结了工程供应链的主要研究领域和分支、多阶段决策问题及模糊理论在工程供应链研究中的研究现状，并给出总体研究框架。理论基础部分概述了本书涉及的模糊不确定理论、多阶段决策理论及智能算法基础知识，分别从三个方面对不确定环境下的大型建设工程供应链项目活动管理优化决策问题及应用展开研究。主要内容包括工程供应链采购与库存多目标多阶段决策优化问题、工程供应链集成管理多目标多阶段决策优化问题、考虑提前期不确定的三阶工程供应链多目标采购库存集成管理决策优化问题。

1.1 研 究 背 景

近年来，大型工程投资规模不断扩大。2021 年全国建筑业总产值突破 29 万亿元，约占国内生产总值的 25.63%，同比增长 11.0%（国家统计局，2021）。2020 年 8 月，住房和城乡建设部等 9 部门联合印发《关于推动智能建造与建筑工业化协同发展的指导意见》，旨在推进建筑工业化、数字化、智能化升级，加快建造方式转变，推动建筑业高质量发展，打造具有国际竞争力的"中国建造"品牌。[①] 在"一带一路"规划政策推动下，近年来，"一带一路"沿线地区大规模基础设施建设逐步铺开，给相关的工程建筑业、建筑材料业、

---

① 住房和城乡建设部等部门：《关于推动智能建造与建筑工业化协同发展的指导意见》，2020 年。

物流运输业等领域带来了强劲的增长驱动力。2020 年，我国对外承包工程业务共在全球 184 个国家和地区新签合同额 2 555.4 亿美元，完成营业额 1 559.4 亿美元。其中，我国企业在"一带一路"沿线 61 个国家对外承包工程新签合同额 1 414.6 亿美元，完成营业额 911.2 亿美元，占同期总额均过半。对外承包工程业务行业主要分布在交通运输建设、一般建筑、电力工程、石油化工等领域，新签合同额、完成营业额占比均超过 75%。[①] 2019 年，商务部等 19 部门发布《关于促进对外承包工程高质量发展的指导意见》，提出实现对外承包工程综合竞争力显著增强，要形成一批世界级的对外承包工程企业，推动中国建设品牌得到国际社会普遍认可和好评。在巨大的机遇面前，工程管理者也迎来了关于大型工程项目管理的挑战。

通常，工程建设项目主要涉及业主、勘察、设计、承包商与供应商等多方参与者。其中，业主是工程项目管理的主体，也是工程项目供应链管理的核心企业。业主主要关注项目设计、投资开发、质量监控、社会价值等，而将大部分建设项目活动外包给承包商，通过合并多个施工承包商的物资需求，向供应商提出下单采购。由此，在工程建设项目管理中产生了物料、资金、信息等的流动，即工程供应链。工程供应链连接了资源、供应商、业主、承包商和他们的库存、采购、加工和建设等运营活动。20 世纪 80 年代初，制造业的精益生产、工作流和全面质量控制等管理模式及思想首次被应用到建筑业，形成了工程供应链管理思想的雏形（Koskela L，1992）。1993 年，供应链作为工程建设的研究案例被正式提出，从而开始了工程供应链的研究（Bertelsen S，1993；O'Brien W and Fischer M，1993）。

工程供应链吸引了世界各国的学者、咨询公司、工程建设单位对其进行研究和实践（O'Brien W et al.，2004），逐渐成为供应链管理的一个重要研究分支。运用工程供应链的思想解决工程项目管理问题，可以降低资源浪费、防止劳动产出率降低和延误工期、平衡各个管理目标之间的冲突。哈维尔和易卜拉欣等（A. Javier and P. Ebrahim et al.，2013）指出工程供应链网络模型可以帮助决策者理解工程项目的复杂性，及时合理地分配资源，从而实现供应链增值。工程供应链的概念已经在建筑、公路和水电工程等多个工程领域得到了广泛的应用。

---

① 商务部：《关于促进对外承包工程高质量发展的指导意见》，2019 年。

1.1.1　行业特点

从行业来讲，大型工程建设项目是以形成固定资产为目的、以实物形态表示的具体项目，具有工程项目的一般特征，有质量、工期及投资条件的约束，并具有其独特的性质（徐伟和李建伟，2000；中国项目管理国际研讨会学术委员会，2002）。工程供应链需要结合大型工程项目管理的特点来看。大型工程项目管理往往是一个复杂系统，具有动态化、管理周期长、环境不确定、目标多样性、影响广泛性、信息综合性等诸多特点。

1. 集中性

集中性不仅体现在工程供应链上各个组织或部门、构成建筑产品的材料最终都需要集中在施工现场进行装配，还体现在我国工程建设管理物资供应通常采用以下三种特定的工程供应链管理模式：业主统一采购与供应的模式、业主委托管理模式、施工单位审批自购模式。

（1）业主统一采购与供应的模式。由于大型工程建设项目规模大，所需物资量大，对工程物资供应期限、结构和数量要求严格，不能由施工单位按照项目管理模式供应，必须站在协调工程总体目标的角度，由业主对工程的主要材料统一供应。根据采购对象的不同，分为两种供应方式。第一种，对于工程建设所需大宗原材料（如水泥、钢材、粉煤灰、砂石、油料和炸药等）的供应采用由业主统一招标选定原材料供应商的模式。原材料供应商将原材料组织到现场中转储备系统。在大型建设项目中，由于物资需求量巨大，业主还会将中转储备系统外包给专门的中转库存承包商。第二种，对于工程建设所需的预制品如预制钢筋、预拌混凝土和金属结构等由业主招标选定预制件制造商进行生产供应。预制件制造商在施工建设现场或附近建立集中的预制品生产系统，其生产所需的原材料由物资中转库存系统负责供应。预制件制造商将其加工生产的预制品输送到工程现场交由工程承包商进行工程施工（陈汝鹏和刘振元，2013）。图 1-1 所示为原材料供应商-中转库存承包商-加工厂-工程承包商的四级集中型工程供应链系统。

（2）业主委托管理模式。对业主而言，短时间内建立一支高水平的物流管理队伍难度较大，成本也较高。因此，较有效和常用的方法是将主材（钢材、水泥、油料、粉煤灰等）的仓储管理等委托给第三方专业物流负责。

（3）施工单位审批自购模式。对于工程施工中临时增加的零星、应急物资，量小、时间紧、对工程质量影响较小的物资，由施工单位向业主提出申请自购计划，须经业主物资管理部门统一根据市场供应情况审核批准后采购。施工单位审批自购模式只是其他管理模式的补充。

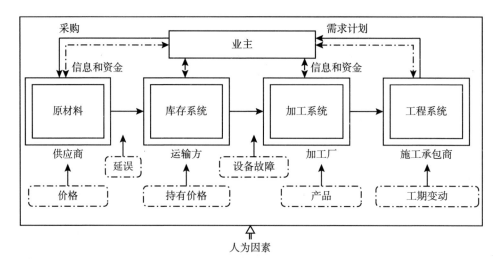

图 1 - 1　四级集中型工程供应链系统

2. 单次性

大型工程建设项目是固定资产投资项目，为定制化设计，不能批量生产，成果比一般工业产品大得多，可以看成是单一建筑产品，具有一次性的特征。每一个工程项目需要组织新的项目管理部门，项目完成后相应的项目管理部门自动撤销，导致了工程供应链的不稳定性和临时性。

3. 动态性

大型工程建设项目有很强的整体性，通常投资规模大，建设周期长，持续几个月甚至数年。为方便管理，大型工程建设项目周期被分成多个阶段。工程总承包商将整个项目逐级结构分解成多个子项目，各子项目之间具有不可分割的联系，按照项目进度计划连续有序地进行施工建设。由于各子项目紧密联系，整体项目又是按时间推进而变化着，任何变动都会产生工程供应链上一系

列的反应，因此大型工程建设项目具有动态变化性的特点。例如，项目进度的
调整会带来物资需求计划的变动，进而产生原材料采购与供应的变化。决策者
在进行项目管理的过程中需要根据每个阶段实际的信息变化对各个阶段依次作
出管理决策，以便整个项目周期的总体目标达到最优。在这种情况下，可假定
工程项目管理的决策过程是按照一定序列动态进行的。

4. 不确定性

大型工程建设项目影响因素多，涉及行业多，协调控制难度大，施工进度
和实施控制极易受到各种条件的影响，具有高度的不确定性（Xu J et al.，
2013）。不确定性主要体现在客观不确定和主观不确定两个方面。从客观层面
上讲，影响因素有设备损坏、自然灾害、地质条件异常和天气变化等，如在施
工中遇到地质勘查时没有发现的特异地质，比如流沙、透水、断层、空穴、溶
洞等情况，气候方面遭遇多雨、极端气候、大风等情况。主观方面主要是人为
因素，如很多施工现场的决策是根据工程师或管理者的个人管理经验所得出的
结论。而收集数据时采用专家调查或访谈的方法也受到专家自身偏好的影响。
另外，现场组织协调不力、人工劳动效率不齐、或设计深度达不到要求等都会
对项目管理产生干扰。由图 1 - 1 可知，工程供应链中会面临材料价格波动、
供应延误、设备故障、工期变动、人为因素等多个不确定因素的干扰。这些复
杂的不确定性因素不仅会使工程进度受阻，同时也增加了工程建设的费用。

5. 多目标性

工程供应链涉及多个不同维度的管理目标，常见的三大管理目标是成本、
进度、质量。一般情况下，成本是工程项目参与者最重要的衡量标准之一，因
此降低任何运营成本，都可提高决策者的满意度。同时，众所周知，大型工程
建筑活动对环境会产生较大的影响。另外，管理者还面临着其他如安全性、服
务水平、供应速度等管理目标。这些相互冲突的管理目标需要在项目活动管理
的优化决策问题中深入讨论。运用工程供应链的思想可以帮助决策者实现多个
管理目标、优化资源配置、完成工程项目管理的增值。

大型工程建设项目独特的性质和传统的管理模式产生了一系列管理问题
（Briscoe G et al.，2001；Hong-Minh S et al.，1999；Yeo K，Ning J，2002）。比
如，工程项目参与者缺少长期合作伙伴，新的工程项目招标需要进行新的招投

标程序产生大量招标成本。工程建设组织具有高度的分散性，新的招标带来新的合作关系加剧了业主与承包商、供应商之间建立信息共享机制的难度，导致信息延迟、缺少信息共享和协调（何伟怡和张娉娉，2020）。

某些供应商具有不确定的开发和生产能力，导致大型建设项目将面临产品成本增加及交货期延迟的风险等问题（安智宇等，2014）。传统项目管理关注施工活动，多停留在对质量、成本、工期或安全单方面的研究方面，缺乏全局性、系统性、集成性的供应链思维模式，生产效率较低，产生大量的浪费，负担沉重。我国 2011 年以来建筑业增速整体处于下降态势，2009 年开始建筑行业资产负债率一直处于上升态势，负债率超过 80% 的子行业有专业工程、水利水电、交建路桥和房屋建设。英国建筑业调查得出建筑业的利润空间只有 1%~2%，美国的调查发现有 1/3 的工程都会超预算或拖延工期（Yeo K and Ning J，2002）。研究表明，材料、设备采购在工程成本支出中占 60%~75%，项目超支问题通常都与采购因素有关（Dissanayaka S and Kumaraswamy M，2001）。

1.1.2　工程供应链与一般供应链的差异

工程供应链与一般制造企业供应链之间有很多差异，主要在于产品加工过程、生产结构、现金流和信息流的差异。一般来讲，工程供应链的运营从采购原材料开始到项目完工结束。工程供应链战略目标是优化工程供应链结构和物流规划，运营管理的目标是对采购与供应、加工、库存、生产调度等活动作出优化决策。工程供应链的物流与一般的供应链有相似点但也有本质上的不同（Sunke N，2009），如图 1-2 所示。

第一点不同在于产品的制造过程。工程供应链中的产品从广义上来讲有三种，工程项目是一种产品，工程项目建设过程中的预制件是一种产品，还有一种产品是工程项目建成后生产运营中提供的产品或服务。对于工程建设项目，业主负责统一采购和库存，或者将库存承包给第三方库存商。第一阶段，物资原材料从供应商配送至业主库存中转点。第二阶段，物资由库存中转点配送至预制件加工商，加工厂负责生产制造预制件或其他原料加工，随后，预制件产品从加工厂运送至施工承包商。第三阶段，施工承包商负责施工，将工程项目建设完成后交给业主。第四阶段，工程项目投入生产运营，提供最终产品或服务给客户。

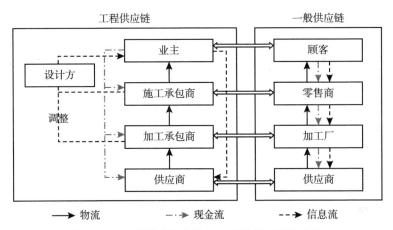

图1-2　工程供应链物流与一般性供应链的差异

资料来源：Sunke N. Planning of construction projects：a managerial approach［D］. University of Siegen，German，2009.

　　第二点不同在于供应链结构。在工程供应链中，除了供应商和顾客相同外，其他供应链的参与者都有所不同。工程供应链中实际上并没有零售商和批发商，由加工厂和传统供应链中的制造商扮演着这些角色。加工厂生产出预制件产品转交给施工承包商。施工承包商负责的施工建设活动可以看成是装配过程。由于项目最后转交给业主，因此，业主可以看成是产品的最终消费者。而项目投入运营后生产出的产品或服务则提供给顾客。另外，工程项目中还有向业主提供咨询、给出设计及相应物资需求计划的专门机构，为简化决策模型，可以将设计方看成是业主的一部分。

　　第三点不同在于现金流。对于第一种产品，即工程项目，和传统供应链不同的是，由于工程供应链上不存在产品所有权的转移，工程供应链中没有零售价格或批发价格。并且，和传统供应链上资金和物流之间的逆向流动不同，工程供应链上的资金以业主为中心向其他参与者分流。业主在工程供应链中扮演着领导者的角色，是供应链上资金的主要来源，分别支付给供应商采购费用、加工厂加工费、施工承包商建设费。

　　第四点不同在于信息流。在工程供应链上，业主将采购订单信息传递给供应商。施工承包商提出物资调整计划后交由设计方核对，再将信息提交给业主。

由于工程供应链与传统供应链存在差异，工程供应链不应该用传统的供应链管理方法处理，工程供应链管理应该根据工程项目的特点进行专门的研究。

1.1.3 工程管理决策中的主要问题

一般来说，供应链根据产品设计、供应、加工、生产、物流环节中推动和拉动的去耦点（decoupling point，DP）所在的位置不同分为按库存生产（make to stock，MTS）、按订单制造（make to order，MTO）、订单组装（assembly to order，ATO）、按订单设计（engineering to order，ETO）、按订单建造（build to order，BTO）等供应链类型（Molina A et al.，2007）。

就工程项目而言，以业主要求为核心进行需求定制，DP 处于设计阶段之前，属于 ETO 方式的供应链，其复杂性高、周期长，如何降低成本、缩短交付周期是工程供应链的主要研究内容。相应地，如表 1 - 1 所示，工程供应链面临着许多管理问题。从控制物流成本的角度考虑，业主需要把仓储、物流等常规环节承包给第三方机构，优化供应链管理流程，利用信息系统等手段转移风险，缩短流程流转时间，从而提高工程供应链管理水平。其难点和关键点是结合工程建设施工进度计划，提高工程需求端和供应端市场价格的预测与估计能力，降低运营成本。

表 1 - 1 　　　　　　　　　　　　工程供应链管理问题

问题	原因
业主工程物流成本风险加大	业主统一供应模式存在两种合同价差，即业主与施工承包单位在工程施工承包合同中固定主材价格和业主与供应商签订的供货价格之间的价差
工程物资需求计划准确度较低	对实际工程物资需求数量的准确预测极大地影响了物资采购与供应计划，对避免在市场价高时囤积大量物资、降低采购成本、提高工程供应链供应效率至关重要
管理流程冗长、效率较低	业主物资部门无有效规范的统一管理流程，涉及环节过多，导致施工单位自购需求计划的审核流程缺乏有效手段，导致工程物资需求预测偏差，导致明显的"长鞭"效应，间接增加了物流活动成本

因此，工程供应链与工程建设施工总进度计划密不可分。工程项目施工

组织设计程序是工程建设施工总进度计划的基本组成部分。由图1-3可知，工程项目管理活动包括物流规划、采购供应、库存、加工、生产调度等基本活动，这些工程供应链项目管理活动与工程供应链密不可分。工程供应链项目管理活动是工程供应链表现的主要影响因素，因此有的学者认为采购与库存管理、物流、集成等项目管理活动都是工程供应链重点研究的领域（李民和高俊，2012）。本书主要研究工程供应链项目管理活动中的采购与库存问题、物流选址问题和集成管理问题，图1-4展示了这三个问题在工程供应链中是相互依存的关系，下游问题的解决依赖于上游问题的解决。

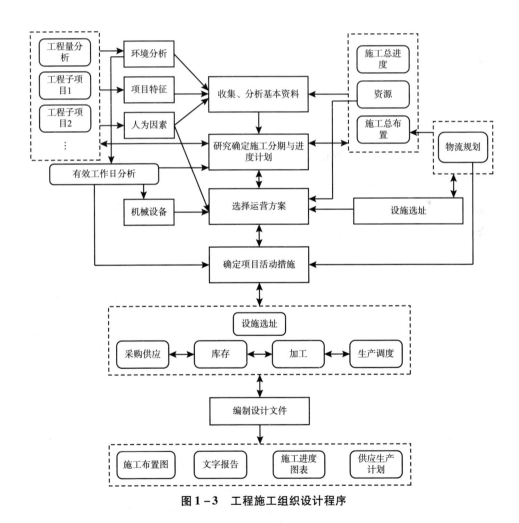

图1-3 工程施工组织设计程序

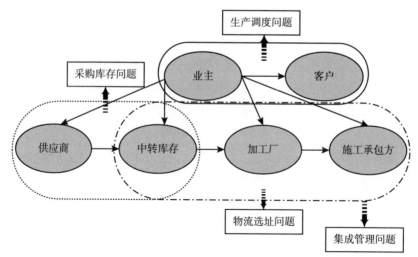

图 1 - 4   工程供应链项目管理主要研究的问题

1. 采购库存问题

物资采购与供应是工程供应链管理的首要问题，材料的质量影响着相关工程项目的质量，是大型工程建设项目成功的基础。采购问题一般分为如下几个方面：下订单、供应商选择、合同管理、配送与支付。合适的采购计划包括采购方法、材料种类、订单数量和订购周期。为了满足工程建设的要求，决策者需要柔性运营，表现为提供多样性的产品和及时反应的能力。

材料供应商面临的问题是如何尽力尝试满足业主的采购需求。采购成本占据工程总成本很大的比重，平均采购成本一般占项目运营成本的 50% ~60%（Lock D，1987）。并且，有调查指出采购是许多工程项目案例中浪费最大的过程之一（Elfving J et al.，2005），因此，材料供应可以影响工程供应物流的效率。然而，大型工程施工过程各阶段物资存在需求随机不确定的问题（安智宇和刘妍，2013）。供应与需求之间经常缺少核对，供应时间与需求时间之间存在错位，导致供应与需求的不协调性，从而引发许多管理问题。例如，采购量不足会导致库存短缺，进而延误工期，甚至导致工程失败，影响与工程管理者长期的合作关系。反之，采购过量，库存积压，占据大量的资金成本。降低库存成本可以提高利润率。库存率的高低很大程度上取决于采购与供应的效率，故采购与库存在密不可分的关系。因此，基于工程供应链的采购与供应问题最基本的决策优化目标是减少采购成本和提高供应效率。

2. 集成管理问题

传统工程项目管理通常是对某个特定组织者的单个问题进行研究或分析。例如，业主的采购问题、供应商的配送问题、库存中转承包商的库存管理问题等。而以供应链为视角讨论工程中多个参与者的管理问题，则必须将工程供应链看成一个整体，对多个参与者的项目管理问题进行集成优化。一般而言，供应链可能被认为是一个由供应商、生产商、经销商和零售商等若干组织共同努力，获得原材料、把它们转换为最终产品、分销给零售商的集成过程（Beamon B，1998）。

协同考虑供应链的采购与生产、生产和运输规划问题可以大大提高这两个过程的效率。一方面，企业为了优化供应链背景下的生产与运输过程越来越需要同时整合生产和运输规划（Mula J et al.，2010）。现有许多文献从供应链生产与配送集成管理角度对供应链进行优化。例如，有学者为多产品和多工厂供应链生产和动态分销集成计划提出了一种线性规划模型（Kanyalkar A and Adil G，2005），有研究者为化工行业的跨国公司提出了一个多工厂、多周期、多产品的集成生产与分配线性规划模型（Oh H and Karimi I，2006），还有学者为求解化工行业的生产和运输集成规划问题提出了一个混合整数线性规划模型（Mcdonald C and Karimi I，1997）。另一方面，有许多文献关注供应链上供应商和买方之间的集成管理问题。例如，有研究以折扣和各种定价的形式提出激励机制以协调供应链上的买卖双方（Viswanathan S and Piplani R，2001；Bernstein F et al.，2006；Li L and Zhang H，2008），有的研究讨论了供应链中单个供应商多个买方的集成式库存管理问题（Hariga M et al.，2014）。还有一些学者从供应、生产、库存与配送多个维度对供应链进行集成运营优化管理，有的学者为玻璃制造工业提出了一个计划生产、分销和库存集成运营的线性规划模型（Martin C et al.，1993）。为解决钢铁行业供应链的供应、生产和分配集成问题，有学者提出了线性规划模型（Chen M and Wang W，1997）。然而，工程供应链及工程项目管理在集成管理研究方面尚处于初期，文献也较有限，例如希沙姆和哈立德（S. Hisham and E. Khaled，2013）为拥挤型工程施工现场建筑内部空间的材料采购与库存集成管理问题做了优化应用。现有的工程供应链研究文献未能做到项目管理各个层次、各个方面的综合集成，尚未构建体系完整的集成管理理论与方法体系。

图 1－5 反映了工程供应链系统中不同组织之间项目活动的内在联系及系统复杂性。工程项目活动管理总是处于复杂的、系统的、动态的和不确定的环境中。对工程供应链的优化需要综合考虑这些背景因素，考虑实际条件的约束，分别对包括采购、库存、选址、生产等在内的项目管理活动进行决策优化。

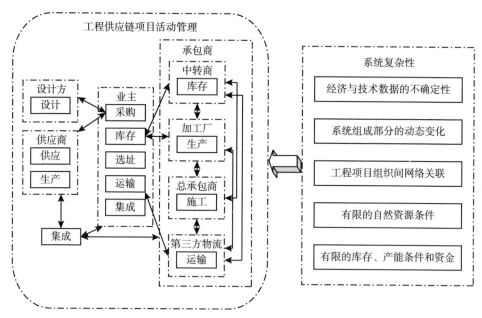

图 1－5　工程供应链系统中组织之间项目活动的内在联系及系统复杂性

综上所述，大型工程建设项目具有复杂性和系统性，建设周期长，投资成本大，涉及物资种类多，充满了不确定性，对供应链的要求也越来越高。如今，企业之间的竞争力在很大程度上取决于供应链的竞争力。供应链管理的思想关注通过对采购与供应、生产与物流等多阶段的集成管理，将价值传递给终端顾客。用工程供应链的思想对大型工程建设项目采购与供应、生产集成与物流决策进行优化，不仅具有重要的科学研究价值和应用价值，对推进我国经济发展也具有一定的意义。

1.2 研 究 现 状

本书主要选取 Web of Science 下的核心数据库，基于 NoteExpess 软件的系统化文献研究方法分别对国内外工程供应链、基于供应链的工程项目管理、动态规划的现有文献进行整理和分析，并总结出研究现状和研究热点。

1.2.1 工程供应链

工程供应链的研究起源于 20 世纪 90 年代初，并很快成为许多学者关注的重点（O'Brien W et al.，2004；O'Brien W，Fischer M，1993；Koskela L，1992；Bertelsen S，1993）。因此，选取搜索区间为 1990 ~ 2022 年，设置"工程供应链"（construction supply chain）作为关键词。为确保文献的相关性，在 Web of Science 主题中进行搜索，进行文献检索后，将文献导入 NoteExpess 2。为了避免搜索过程中出现重复的结果，对文献进行查重操作，删掉与主题关系不大的文献，并删掉非相关文献，最后筛选出 2 843 篇文献。另外，用同样的方法在 CNKI 数据库中检索最终得到 1 256 篇文献，发表年度分布见图 1 - 6。1990 ~ 2022 年 CNKI 数据库工程供应链研究主题主要分布在供应链管理、工程项目供应链、采购管理、工程总承包（engineering procurement construction，EPC）、企业资源计划（enterprise resource planning，ERP）、工程项目、供应链风险管理等，如图 1 - 7 所示。

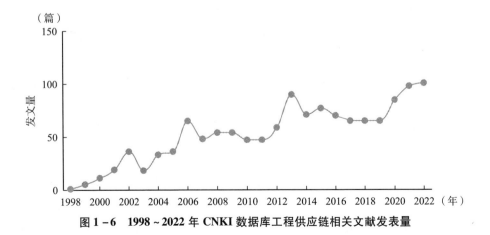

图 1 - 6 1998 ~ 2022 年 CNKI 数据库工程供应链相关文献发表量

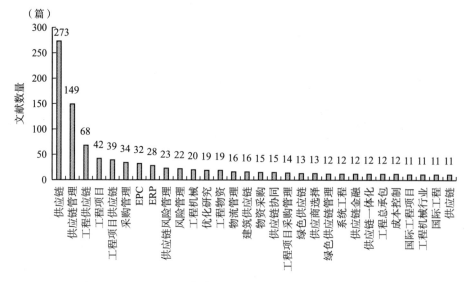

图 1 - 7　CNKI 工程供应链研究主题分布（1990 ~ 2022 年）

工程供应链领域的研究在 20 世纪 90 年代初期只有 9 篇文献。1996 ~ 2000 年，工程供应链领域相关文献增长至 53 篇。2001 ~ 2005 年，工程供应链领域发表的文献达到 172 篇，5 年时间研究量翻了 3 倍。2006 ~ 2010 年，工程供应链领域发表的文献增幅稳定，依旧保持 3 倍的增长幅度，发表数量达到 531 篇。2011 ~ 2015 年，工程供应链领域发表的文献保持稳定增长，达到 554 篇。2016 ~ 2020 年，工程供应链领域发表的文献快速增长，达到 937 篇。近年来，国内外对工程供应链领域的研究量迅速增加，是之前的数倍，发表的研究超过 2 300 篇。由此可知各国学者均认识到工程供应链领域的重要性。1991 ~ 2022 年 Web of Science 数据库中工程供应链领域发文量的年份统计结果见图 1 - 8。可以发现，随着年份的推移，工程供应链研究呈现迅速增长趋势，在短短二十多年间，逐渐成为供应链研究中的一个热门领域，吸引了许多学者专家的研究和探索。1991 ~ 2022 年 Web of Science 数据库工程供应链领域发文量最多的作者排行见表 1 - 2。其中，薛小龙（Xiaolong Xue）和王要武（Yaowu Wang）的贡献较多，其研究主要集中于通过代理谈判来提高工程供应链中的合作效率方面，并为工程供应链合作提出了一个基于代理的结构框架（Xue and Wang et al., 2005）。此外，薛小龙和沈岐平等（Xue and Shen et al., 2009）为工程供应链中基于代理商的谈判提出了一个相对熵方法，薛小龙和沈岐平（Xue and

Shen et al.，2011）等还关注信息共享在工程供应链库存中的影响、商业环境
和组织行为对工程项目合作的影响等。

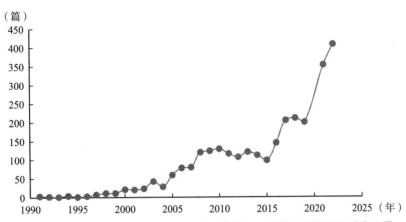

图 1 - 8　1991~2022 年 Web of Science 数据库工程供应链相关文献发文量

表 1 - 2　数据库工程供应链领域（1991~2022 年）发文量前 8 名作者排行

排名	作者	数量（篇）	占比（%）
1	王要武（Wang Y W）	26	0.27
2	薛小龙（Xue X L）	17	0.18
3	沈岐平（Shen Q P）	13	0.14
4	奇莱什（Chileshe N）	12	0.13
4	拉梅兹丁（Rameezdeen R）	12	0.13
5	Shen Geoffrey Q P（Shen G Q）	10	0.11
6	Wang Xiangyu（Wang X）	9	0.09
7	Chen Xi（Chen X）	8	0.08
7	Chong Heap - Yih	8	0.08
7	Hong Jingke（Hong K）	8	0.08
7	Xu Jiuping（Xu J）	8	0.08
7	Zuo Jian	8	0.08
8	Li Xiaodong（Li X D）	7	0.07
8	Lim Ming K	7	0.07
8	Lu Weisheng	7	0.07

排名	作者	数量（篇）	占比（%）
8	威尔士 K D（Walsh K D）	7	0.07
8	薛帆（Xue Fan）	7	0.07

　　CNKI 数据库中，国内有的文献采用计算实验和定性定量的方法研究了工程供应链协调优化问题（李真，2012）。关于合作关系的研究有：柯洪和尹贻林（2005）研究了公共工程项目供应链合作伙伴式集成管理模式；郭峰和徐浩等（2011）以深圳地铁 5 号线工程供应链为例研究了建设工程供应链合作伙伴协调管理模式，构建了目标协调系统、组织协调系统和协调机制系统；柯洪和甘少飞等（2015）用实证研究的方法研究了 EPC 总承包模式下信任对 EPC 供应链管理绩效的影响。关于信息管理的研究成果有：凤亚红（2013）研究了总承包工程项目供应链管理的信息协同机制，构建了基于多代理的总承包工程项目供应链管理系统的总体结构。关于利润分配模式的研究成果有：张云和吕萍等（2011）基于收益共享理论和斯塔克尔伯格（Stackelberg）博弈模型总承包工程建设供应链中总承包商和分包商之间的利润分配模型；时茜茜和朱建波等（2017）针对重大工程承包商与供应商协同合作利益分配问题，分别建立了分散决策和集中决策模式下的协同合作动态博弈决策模型；李战国和刘蒙等（2021）为解决调水工程运营管理的多主体经济利益协调、社会效益、生态影响等诸多问题，以南水北调中线工程水量调度为例，基于可持续供应链和协同管理视角，研究了调水工程中政府、企业和公众的三方协同管理模式。

　　工程供应链领域发表的文献以会议论文和期刊文章为主，发表的杂志范围比较广泛，涉及的主要杂志既有运营管理类的杂志，如 *Supply Chain Management an International Journal*、*International Journal of Production Economics* 等，也有工程项目管理类的杂志，如 *Automation in Construction*、*Journal of Construction Engineering and Management Asce*、*International Journal of Project Management*、*Journal of Management in Engineering* 等，同时也包含建筑类杂志，如 *Advanced Materials Research*、*Applied Mechanics and Materials*、*Building Research and Information* 等，如表 1 - 3 所示。关注工程供应链的出版社主要有 Trans Tech Publications Ltd、Springer、IEEE 和 ELSEVIER。

表 1 – 3　　1991 ～ 2022 年 Web of Science 数据库工程供应链刊文量前 15 名期刊排行

排名	期刊	发文量（篇）	占比（%）
1	*Journal of Cleaner Production*	153	5. 38
2	*Sustainability*	130	4. 57
3	*Automation in Construction*	63	2. 22
4	*Engineering Construction and Architectural Management*	50	1. 76
4	*Journal of Construction Engineering And Management*	50	1. 76
5	*Buildings*	32	1. 13
5	*Supply Chain Management-an International Journal*	32	1. 13
6	*Resources Conservation and Recycling*	30	1. 06
7	*International Journal of Production Economics*	29	1. 02
8	*Journal of Management in Engineering*	28	0. 99
9	*Applied Energy*	27	0. 95
10	*Journal of Construction Engineering And Management-Asce*	26	0. 91
11	*International Journal of Project Management*	24	0. 84
11	*Mathematical Problems in Engineering*	24	0. 84
12	*Building Research and Information*	23	0. 81
13	*Computers & Industrial Engineering*	19	0. 67
13	*Production Planning & Control*	19	0. 67
14	*International Journal of Production Research*	18	0. 63
15	*Journal of Civil Engineering and Management*	17	0. 60
15	*Renewable & Sustainable Energy Reviews*	17	0. 60

在 CNKI 数据库中选择关键词"工程供应链"出现在篇名中，选择研究层次为期刊类，剔除不相关文献，在 2015 ～ 2020 年共有 269 篇中文文献。选取其中相关度最高的 200 篇文献，过滤掉频次为 2 及以下的关键词。其中，出现频率最高的关键词依次为供应链管理、工程项目、金融工程、项目管理、建筑供应链、工程项目供应链、风险管理、物资采购等。例如，李路曦和王青娥（2012）提出了基于供应链管理的 EPC 项目采购管理模式的实现途径；谢坤和唐文哲等（2013）建立了基于供应链一体化的国际工程 EPC 项目采购管理概念模型和采购管理流程；程书萍和张德华（2012）基于工程供应链和工程生

命周期的视角将工程供应链划分为供应商管理、供应链运作管理、制造商管理三个子系统，从而建立了多维度工程供应链风险识别框架。

在 Web of Science 数据库中，选取 2015 ~ 2020 年 "construction supply chain" 出现在 "标题" 中的文献，并选择发表在 Web of Science 核心合集中正式期刊上的研究文献，剔除掉不相关的文献共得到了 106 篇文献。采用 NodeXL 对文献进行了关键词网络分析，以顶点的大小分别表示连线数从多到少的关键词，得到图 1 - 9。过滤掉关键词网络图中连线数少于 5 的关键词，得到图 1 - 10。由此可知，在国际上工程供应链的研究热点主要是供应链管理研究、建筑信息化、环境保护研究、供应链协作研究、资源管理研究、模型研究、废弃物管理、供应商选择等。最新的研究成果例如，王朝静和王腾玉等人（Wang Z and Wang T et al.，2020）提出了一种基于区块链的预制供应链信息管理框架，在预制供应链中实现了信息的自动共享、可追溯和透明。伊尔迪兹和亚希（Yildiz K and Ahi M，2022）采用基于网络分析法、理想解相似度排序优选法、决策实验与评价实验室相综合的方法，提出了一个具有战略指标和运营指标的混合评价模型，以支持管理者基于绩效的无风险决策过程（Yildiz K and Ahi M，2022）。

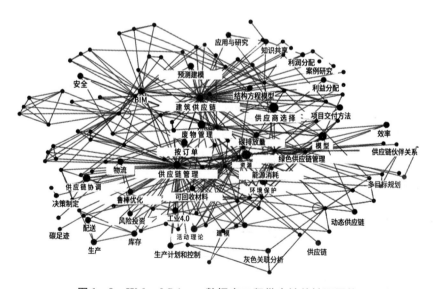

图 1 - 9　Web of Science 数据库工程供应链关键词网络

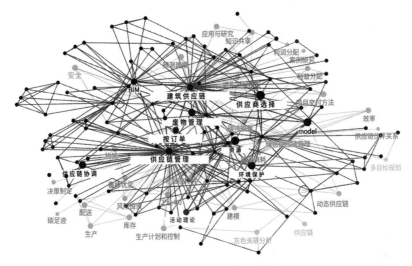

图1-10 过滤后的 Web of Science 数据库工程供应链关键词网络

国内外对工程供应链的定义主要有以下几种。有的学者认为工程供应链即工程项目生产运作活动的过程链，分为业主需求阶段、设计阶段、建设阶段、运营阶段、维护与废弃处理阶段（Edum-Fotwe F et al., 1999）。有的学者认为工程项目供应链包括永久性供应链和临时性供应链，是建筑材料成为永久性设施之前所经历的阶段（Vrijhoef R and Koskela L, 2000）。

有的学者认为工程供应链包括业主、设计单位、承包商和供应商之间的信息流、物流、资金流构成的业务链和关系链（Xue X et al., 2005）。也有学者认为工程供应链有两层含义（刘振元等，2005）。第一层含义是由原材料供应商、组件供应商、专业分包商、承包商和工程业主所构成的工程网络组织，是一种专业型供应链，如图1-11所示。例如土建工程供应链、发变电工程供应链、预制件供应链等。专业型供应链类似于制造业的供应链，其活动围绕着专业分包商或者承包商来展开，或者以业主为中心集中管理。例如，非现场施工项目的典型专业供应链包括预制建筑构件设计、制造、工厂库存、交付、现场库存和现场施工（Liu Y et al., 2022）。这种预制供应链可以看成是从制造厂到建筑工地的典型两级供应链。

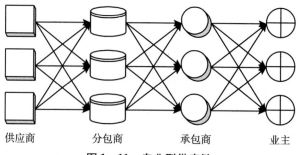

图 1-11　专业型供应链

资料来源：刘振元，王红卫，甘邯．工程项目集成管理与工程供应链 [J]．武汉理工大学学报，2005，27（12）：99-101.

第二层含义是服务于工程业主的专业工程供应链的集合。如图 1-12 所示，专业工程供应链的集合是以工程进度网络图为纽带而形成的复杂聚合性网络组织。

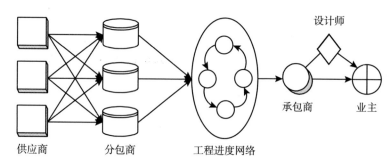

图 1-12　专业型供应链集合网络

资料来源：刘振元，王红卫，甘邯．工程项目集成管理与工程供应链 [J]．武汉理工大学学报，2005，27（12）：99-101.

目前，对工程供应链进行系统性分析和研究的文献非常有限。有学者分析了工程建设领域供应链关系管理的研究现状（Mohammed S et al.，2002）。他们指出工程建设各方需要重视对供应链管理的理解并为供应链在工程建设中的实施提供支持。有学者为工程供应链模型做了综述性研究（O'Brien W et al.，2004）。也有学者从工程供应链的战略、活动、关系和信息管理的角度对工程供应链管理研究做了综述（李民和高俊，2012）。近几年，工程供应链管理研究领域涌现出越来越多的研究成果。达尔拉斯加和劳赫等（Dallasega P and

Rauch E et al.，2018）对工业 4.0 影响下工程供应链管理领域的研究做了总结和梳理。勒和埃尔穆格拉比等人（Le P and Elmughrabi W et al.，2020）研究了工程供应链管理决策研究领域的现状。工程供应链管理的应用主要集中在材料、资源管理与内部供应链的集成。学者们探究了工程供应链管理研究领域围绕智能建筑对象作为区块链设备的研究现状（Lu W and Li X et al.，2021）。有学者对近 20 年内建筑供应链协调相关的文献进行了系统的梳理，并深入分析了整个供应链从设计到生产、从生产到物流以及从生产到现场组装阶段的利益相关者之间的沟通机制（Chen Q and Hall D et al.，2021）。学者们相继讨论了供应链管理在建筑业中应用的演变和未来趋势，指出工程供应链管理近期发展的趋势为采用诸如精益管理、BIM（Le et al.，2019）、外包、第三方物流、电子商务等方法和技术来控制和改进流程。研究领域有采用先进技术的协同规划和设计、BIM 和第三物流的精益采购、精益管理和 BIM 在施工作业和交付中的应用等（Simatupang and Sridharan，2016；Lin et al.，2017；Luong P et al.，2020）。勒和沙班等人（Le P and Chaabane A et al.，2019）探讨了 BIM 技术对工程供应链管理的贡献趋势。还有学者研究了 BIM 与地理信息系统（geographic information system 或 geo-information system，GIS）信息技术在工程供应链管理中的集成应用与发展（Deng Y and Gan V et al.，2019），利用区块链技术提高了工程供应链管理中的信任度，探索了供应链管理中信任的来源和维度，并解释了区块链对信任的影响（Qian X and Papadonikolaki E，2021）。

关于工程供应链的研究领域，有以下几种分类方法。根据施工现场和供应链的关系，有的学者把工程供应链管理的研究分为施工现场活动与供应链的集成管理、供应链性能优化、从施工现场到供应链的物流管理、施工现场与供应链集成管理四个方面（Vrijhoef R and Koskela L，2000）。根据宏观市场环境和微观企业运营两个方面，可以将工程供应链研究方法分为产业组织经济学和供应链解析建模（O'Brien W et al.，2004）。例如，工程网络模型可以帮助理解项目的复杂性，协助在合适的时间为项目安排足够的资源，为工程项目提供增值（JavierI et al.，2013）。按研究方法，工程供应链文献分为概念探讨、案例分析、调查问卷、解析建模等。按研究内容，工程供应链研究可以分为研究理论和方法、基于供应链思想的工程项目活动管理、关系管理和信息管理研究等几个方面（李民和高俊，2012）。根据研究层次，工程供应链管理的研究又可以分为战略层面的研究和战术层面的研究。有学者认为工程供应链管理的大多数研究集中在战术层面的管理决策（Shi Q and Ding X et al.，2016）。

由于工程项目管理实际上是对工程项目中各种资源的管理，使供应链上的材料、资金、信息、设备和人力等资源得到有效的配置和利用，关系着项目管理的成败。因此，基于供应链的工程项目活动管理的研究是工程供应链管理研究的一个重要内容，而基于供应链的工程项目活动管理又可以细分为采购管理、工程物流管理和资源调度管理。下面分别针对工程项目活动管理中影响工程供应链的几个关键问题——采购与库存问题、资源受限下的集成运营管理问题进行研究现状总结。

1. 基于工程供应链的项目采购与库存问题

在以生产为导向的市场环境中，采购管理是库存管理（敬辉蓉和李传昭，2008）。其研究的目的是以制造企业为决策者，以最低库存为目的，制定最优订购量和最佳订货周期等决策。广泛使用的研究方法是 EOQ 经济订货批量（Harris F W，1915）和报童（newsboy）模型（Silver E et al.，1998；Khouja M，1999）。其中，EOQ 模型研究的是需求确定的情况，而报童模型研究的是需求不确定的情况。随后，大量的研究将 EOQ 模型和报童模型进行了扩展（Hariga M and Haouari M，1999；Hafeez K et al.，1999；Lau A and Lau H，1996；Chang P and Lin C，1991；Wirth A，1989；James M，1995）。

近年来，随着市场环境转变为需求导向型，需求的重要性和多样性凸显。这时，采购管理需要考虑买卖双方的利益制定库存、订货决策。采购管理多从供应链上多方参与者的管理角度进行协调整合（敬辉蓉和李传昭，2008）。因此，基于供应链的采购管理越来越受到追捧。这一时期的采购管理理论主要有博弈论、及时采购系统（JIT）和快速反应采购系统。

其中，博弈论期望通过买卖双方的谈判制定最优数量折扣，以达到双赢。JIT 采购系统面向的决策者是制造企业，是为了应对小批量多品种的市场需求，力争在恰当的时间、地点，以恰当的数量和质量提供恰当的物品，消除浪费的问题。JIT 采购强调降低成本，对各阶段的控制及对最终产品需求的预测精度（Waters-Fuller N，1995）。而快速反应采购系统是指制造企业要对零售商随时的订单作出快速准确的反应（Fiorito S et al.，1998）。基于供应链协调的采购方式通过双方签订合同建立长期的战略合作关系（许婷，2009），提高了企业的采购与供应能力，为基于供应链的工程项目采购研究奠定了基础。

在 Web of Science 核心数据库中分别选取 "construction + supply chain purchasing" "construction + supply chain procurement" 作为检索词，将两次搜索记录导入 Note Express 中合并。其中，一些学者采用了工程供应链的思想进行采购，并强调了采购者与供应商之间的关系管理（Mohammed S et al.，2002；Hall M et al.，2000）。有的学者在 1998 年的研究通过结合材料采购计划与项目工期计划，从而确保了工程项目如期进行（Caron F et al.，1998）。穆罕穆德·朱尼和米德勒等（Mahmoud-Jouini S and Midler C et al.，2004）的项目研究也着眼于供应时间的及时性。亚萨卡和宁（Yeo K and Ning J，2002，2006）通过将供应链管理和项目管理进行集成进一步提升了供应的及时性，并结合项目管理和供应链管理从而解决采购时间的延迟问题。奥拉图吉（Olatunji O，2008）基于供应链思想对公共基础设施工程供应商选择问题进行建模及应用。还有一些学者基于供应链的思想通过提出库存管理模型和方法提高了工程供应链的供应能力（Cachon G and Fisher M，2000；Ehab B et al.，2014；Yao Y and Dresner M，2008）。

工程主要建筑材料成本通常占工程投入的 40% ~ 50%。其中，钢材、水泥、木料、砂石等是工程建筑的主要原材料，是工程项目采购问题的重点。关于工程项目原料采购与库存问题的研究也有很多。在 Web of Science 核心数据库中分别选取 "construction material procurement" "construction material purchasing" 作为检索词。为了保证较高的相关性，只选取检索词出现在主题中的文献，分别可以检索到超过 200 个记录。其中许多文献也在用不同的模型和方法尝试解决工程企业中的采购与库存问题。例如，资源约束下的多品种的库存管理模型（Mohan S，2008；Chakraborty N et al.，2013），生命周期库存方法（Petersen A and Solberg B，2002；Zhang Q et al.，2007），不确定环境下优化的库存模型（Dutta P et al.，2005；Xu J and Liu Y，2008；Xu J and Zhao L，2008；Moon I et al.，2012；Chakraborty N et al.，2013），确定环境下的库存模型（Teng J et al.，2011）以及其他数量分析方法。

关于钢铁材料的工程采购主要有以下文献。哈菲兹和格里菲斯等（Hafeez K and Griffithsb M et al.，1996）为工程领域一家钢铁企业供应链设计了一个二级的库存结构和规划模型。为了降低项目中的钢材库存，桑德尔和特里达斯（Sunder K and Tridas M，1992）调查了钢铁行业中电子交换数据的影响。为解决钢铁厂的集成管理，杜塔和查克拉博蒂等（Dutta P and Chakraborty D et al.，

2005）设计了一个有针对性的库存数学模型，并展开了调查研究。彼得森和索尔贝格（Petersen A and Solberg B，2002）用生命周期库存模型解决材料的供应和管理问题。对钢筋混凝土结构的建筑工程库存问题的分析等（Su et al.，2008）。这些研究针对工程建筑行业的特点，使工程原料采购理论及应用得到了丰富和发展。

尽管工程采购与供应问题已经得到广泛研究，设置"construction supply chain + material procurement"和"construction supply chain + material purchasing"为关键词，在 Web of Science 里搜索，基于供应链的工程项目原料采购文献数量却比较有限。另外，由于受到天气或地形等诸多因素的影响，工程项目中经常发生物资需求变化的调整（O'Brien W and Fischer M，1993）。威尔郝夫和科斯凯拉（Vrijhoef R and Koskela L，2000）发现工程供应后期会产生废弃物等问题。加工建设过程中也会产生原料损耗，导致需求变动（Yao Y and Dresner M，2008）。并且，实际工程管理中不止成本一个管理目标，决策者通常需要结合工期、环保等多个目标进行综合考虑。而在以往的研究中，基于供应链的思想并考虑工程管理中多个管理目标、多种不确定因素影响的物资采购模型及应用研究数目尚少，这类模型及应用值得进一步研究和优化。

2. 工程供应链项目集成管理问题

从以往工程供应链运营管理领域的研究看，集成管理模式越来越受到欢迎。许多研究都证实通过集成管理的模式可以提高工程中供应链的效率（Yeo K and Ning J，2002）。饶和舍勒 – 沃尔夫等（Rao U and Scheller-Wolf A et al.，2000）描述并研究了世界顶级机械建筑工程中快速反应供应链的应用。

为了分析 P2000 简洁生产线在不同特征供应链中的表现，研究者们设计了一个集成管理模型，以开创性地提供较高的服务水平，快速满足零售商再补货和客户订单需求。许多学者都研究过工程供应链中的运营决策问题（Howell G and Ballard G，1997；Al-Sudairi A et al.，1999）。有的学者从工程组织者的角度研究了工程供应链问题，并指出许多工程参与者已经在工程管理中应用工程供应链的思想来强调采购者与供应商的关系（Mohammed S et al.，2002；Hall M et al.，2000）。托马莱和威森贝格尔（Tommelein I and Weissenberger M，1999）从流程的角度分析了工程运作过程中的模型。穆罕穆德·朱尼和米德勒等（2004）从时间的角度研究了工程总承包（engineering-procurement-construction，ERP）项目。祁超等（2019）针对重大工程工厂化建造协同困难的问题，提出总承包模式下工厂化建造的组织集成、装配施工驱动的集成计划制定与生产施工过程控制以及面向多主体协同的多源信息集成管理模式，并以港珠澳大桥工程为例从集成化管理模式和供应商培育两个角度研究了重大工程工厂化建造的管理创新。

另外，许多学者为提高工程领域中供应链竞争力从解析模型的角度研究了供应链。奥布莱恩和伦敦等人（O'Brien W and London K et al.，2004）提出的解析模型工具最开始是为了适应工程生产运营中的复杂性。威尔郝夫和科斯凯拉（2000）提出用实践创新提高工程供应链效率。威尔郝夫和库佩鲁斯等（Vrijhoef R and Cuperus Y et al.，2002）用包含延迟、成本和价格等参数的数量解析模型讨论了工程供应链管理的策略。这些研究都运用数量分析的方法提出了不同的工程供应链运营策略，然而，决策者不能用这些方法得出精确的运营策略，特别是在考虑多角度的管理问题时，并没有统一的集成管理方式。

数学规划模型可以为精益运营策略提供参考依据并广泛应用于供应链集成运营管理中，现有的大量文献考虑了不同参数情况下供应链集成管理问题。穆勒和佩德罗等人（Mula J and Peidro D et al.，2010）总结了供应链生产与物流配送规划问题中数学规划模型的研究情况，并做了综述性研究。萨布里和比蒙（Sabri E and Beamon B，2000）为并行策略和供应链运营规划的应用设计了一个多目标集成供应链模型。蒋和罗素（Chiang W and Russell R，2004）研究了丙烷气供应链中采购与路径选择的集成管理问题。勒热纳（Lejeune M，2006）为一个三级供应链构造了一个持续性的库存—生产—分配集成管理规划模型。吉米和查特菲尔德等人（Kim J and Chatfield D et al.，2006）用统计学的方法测量出供应链中牛鞭效应的影响。

以上数学规划模型为工程供应链运营管理问题提供了理论支持，但对于工程环境中的供应链数量分析的研究依然有限，特别是结合实际工程应用的研究更是匮乏（O'Brien W et al.，2002）。已有研究偏重理论研究，多使用虚拟的数值算例和传统算法，缺乏对应用实际工程案例的研究。因此，基于工程供应链对集成管理问题进行研究具有很大的现实意义。

1.2.2 模糊不确定

工程项目中存在多种不确定性（Gang J and Xu J, 2010；Ma Y and Xu J, 2014；Zhang Z and Xu J, 2013），因此，工程供应链通常处在不确定的环境中，干扰多且难以预测（Wang Z et al., 2018）。处理供应链中的不确定性是很常见的工作。实际上，有三种处理不确定性问题的方法，包括鲁棒性优化、随机模型技术和模糊理论。其中，鲁棒性优化适用于不确定性因子的分布未知的情况；随机模型适用于客观不确定性因素，并且需要利用大量的统计数据进行分析。例如，为了解决项目管理中供应链的随机不确定性，登塞拉尔和寇普扎克等人（Donselaar K and Kopczak L, 2001）通过使用先进的需求信息降低了库存。除了随机不确定性，实际工程管理中还存在非随机的不确定性因素。并且，利用随机理论解决调度问题的前提是决策者需要事先获得不确定因素的随机概率分布（Balasubramanian J and Grossmann I, 2003）。但是，工程项目管理中很多随机数据却是不可知或无法测量的。比如由于工程项目的单次性，不同项目之间具有独有的特征和环境特点，而利用其他工程中的历史数据得出的估计值并非十分精确，不能完全运用到现有的工程中。由于缺少统计数据，工程项目管理中的一些不确定变量的概率分布可能是未知的或只知道一部分（Tale-izadeh A et al., 2009）。这时，就没有办法运用随机理论处理不确定因素了。

由于缺少类似的历史数据，一些工程项目管理中的不确定因素需要使用专家调查法来搜集数据。被采访的工程师或其他管理者依据自己的经验进行语言性的估计描述，对不确定变量给出一个大概的范围和一个期望值。这种估计值往往带有很大的主观不确定性和个人偏好，而且预测的过程是没有办法量化控制的（Xu J and Zhou X, 2014；Zadeh L, 1965）。而在处理供应链中非随机不确定性问题时，模糊理论提供了强有力的支持（Chen S, Chang P, 2006；Fung R et al., 2003；Zarandi F et al., 2002）。例如，和其他随机方法相比，模糊集理论可以减轻资源调度问题中的复杂性（Dubois D et al., 2003），并有效地处理这种不精确性（Shrestha B et al., 1996）。

模糊集合理论由扎德（Zadeh L, 1965）提出后已经成为决策科学、运筹学等学科的重要研究方向。模糊集理论已经在工程项目管理和供应链领域得到了重视和应用。例如，为了处理模糊随机双重不确定性，徐和魏（Xu J and

Wei P，2013）为工程供应链生产配送问题建立了一个双层规划模型。在水电工程领域，学者们为优化水电工程运营管理构造了多种模糊模型（Mousavi S et al.，2005；Mousavi S et al.，2007）。模糊理论也在水电工程资源调度问题中得到了推广和应用（Gang J and Xu J，2010；Zhang Z and Xu J，2013）。

已有少数学者开始关注工程供应链领域里的不确定性问题，但是缺乏对大型工程项目不确定性环境的深入研究，现有的研究主要是确定型的研究或者单随机不确定的研究，缺乏模糊不确定方面的研究，尤其是对参与各方合作关系以及发挥"人"的主观能动性方面研究不够。进一步通过对工程供应链项目活动管理现有文献的整理和分析，可以发现工程供应链运营管理数学分析模型存在着许多研究空白，特别是在工程供应链集成管理研究发展上更是有待继续探索。

1.2.3 多阶段决策

工程项目所处的环境总是处于不断变化的动态过程。工程项目通常被分成多个阶段，按照工期依次有序推进。因此，工程项目的管理者所做的大部分决策都是在不同的时间不同的环境下依次进行的。而前一个阶段所做的决策给工程环境带来的变化结果会影响下一个阶段的决策。管理这种依次有序的决策过程被称为有序决策问题（Bellman R，1957；Bellman R and Dreyfus S，1962）。由于有序决策是在一系列不同的时间阶段进行的，因此有序决策问题又被称为多阶段决策问题（Rao S，2009）。如图 1 – 13 所示，静态决策与多阶段决策变量差异，静态决策为同一个时间点上的决策，而多阶段决策为一系列不同时间阶段上的决策。

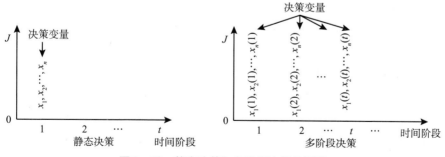

图 1 – 13 静态决策与多阶段决策的区别

自从理查德·贝尔曼（Richard Bellman）在 20 世纪 40 年代首次提出动态规划的概念后，人们开始意识到运用有序决策的重要性和必要性。多阶段决策也随之在理论、方法和应用等方面受到了越来越多的关注，已经逐渐发展成为管理科学、运筹学和决策科学等领域的一个重要研究分支（Xu J and Zeng Z, 2014）。现如今，多阶段决策已经在包括工程管理、企业管理、工业工程、信息系统等在内的许多领域得到了广泛应用。在工程项目管理领域，多阶段决策已经成功地解决了许多实际问题，如采购与供应问题、工程调度问题、临时设施选址问题、运营管理问题等。

多阶段决策模型主要包括终止时间确定多阶段决策模型、终止时间不确定多阶段决策模型、终止时间无限多阶段决策模型三种类型。如果一个多阶段决策过程中，最后一个决策的时间阶段的终止时间不能确定，则为终止时间不确定多阶段决策。终止时间不确定多阶段决策由贝尔曼和扎德（Bellman R and Zadeh L, 1970）在 1970 年首次提出。如果一个多阶段决策过程中没有终止时间，则为终止时间无限的多阶段决策（Kacprzyk J et al., 1981；Kacprzyk J, 1983）。大多数情况下，多阶段决策的时间阶段是已知的、确定的，这时的多阶段决策为终止时间确定的多阶段决策模型。

在多阶段决策模型中，主要包含如下 9 个要素：

（1）多个时间阶段；

（2）终止时间；

（3）每个阶段的状态；

（4）决策变量；

（5）可选择空间；

（6）初始状态；

（7）条件约束；

（8）不同阶段之间的联系；

（9）目标函数。

决策者从第一个阶段开始依次为每个阶段作出决策以寻求整个决策过程的全局目标最优化。然而，进一步在 Web of Science 核心数据库主题中搜索"multi-stage construction supply chain"，得到的文献非常有限。这说明现有研究已经开始关注工程供应链的动态性特征，但是多阶段决策在工程供应链中的研究尚处早期，对工程项目管理动态性序列决策特征的认识不足，在多阶段时间序列管理中不能系统地考虑影响项目各种动态因素，对动态有序性决策的控制不够深入。

再选择"construction supply chain dynamic"为关键词，在 Web of Science 数据库核心合集中搜索关键词出现在主题，选取 1900～2020 年最相关的 100 篇文献记录，再将其关键词输入到 NodeXL，将出现在同一篇文献中的两个关键词用线连接，建立关键词关系网络。添加网络图中顶点标签，计算各关键词顶点的连线数目，以顶点的大小表示连接线的多少，从而显示出关键词的热度，可见工程供应链动态性研究的文献关键词表现得非常集中。为了找出工程供应链动态性研究的热点关键词，设置过滤条件为关系数≥20，得到关键词关系网络图，见图 1－14。由图 1－14 可知，工程、供应链管理、决策、模型、动态是工程供应链动态性研究的核心问题，信息、技术、物流和模拟等是工程供应链动态性研究的热点内容。埃卡纳亚克等（Ekanayake E and Shen G et al.，2021）采用模糊综合评判法征求专家的意见并进行分析，开发了一个多阶段结构化数学模型，以评估香港工业化建设供应链的能力。丰景春等（2021）针对建设工程项目多阶段利益分配问题依据 EPC 模式下的二元管理制度提出基于宏观层面的两层次利益分配机制，依据 BIM 提出基于微观层面的三阶段利益分配机制。

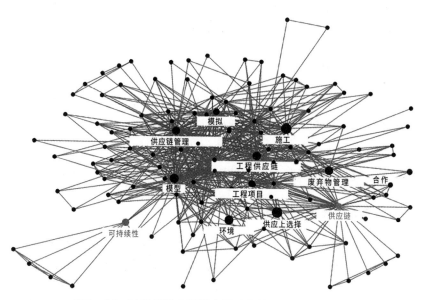

图 1－14　过滤后的工程供应链动态性研究关键词网络

另外，对精益运筹管理理论的研究还非常不足，目前的研究多停留在对质量、成本、工期或安全单方面的研究上，缺乏多目标综合优化管理模型。

1.2.4　研究述评

1. 多阶段动态决策问题研究不足

在有限的工期内，项目活动管理是一个多阶段的动态决策过程。这种不确定的动态环境对项目管理的定量和精确分析带来了很大的挑战。工程、供应链管理、决策、模型是工程供应链动态性研究的核心问题，信息、技术、物流和模拟是工程供应链动态性研究的热点内容。但对工程项目活动管理动态性序列决策特征的认识不足，在多阶段时间序列管理中对动态有序性决策的研究和控制不足。

2. 多重不确定性的研究不足

目前研究主要集中在静态优化、或个别阶段单一干扰类型的随机不确定性上。现有工程供应链项目活动管理的研究常忽略了人的主观不确定性的影响。实际上，大型建设项目供应链受到多阶段、多源干扰、多重不确定性的共同影响，现有文献对随机性供应链动态需求变化、随机性进度延误风险、模糊随机双重不确定性人工工时等多重不确定的生产决策问题的研究不足。

3. 集成管理研究不足

现有研究多针对单个项目活动管理问题进行研究，缺乏从工程供应链全局同时考虑多个参与者利益进行整体性优化研究。因此，无法满足大型工程建设项目对全过程、多主体高度协同运行管理的需要。整体而言，对工程供应链集成运作管理研究领域定量数学模型的研究还十分匮乏。

4. 多目标决策冲突研究不足

工期、期限、成本、安全性和可靠性是生产调度中比较重要的管理目标。现有项目物资管理决策的研究集中在预算约束条件下静态单一最小化工作完成时间、或最小化生产成本的研究，缺乏对供应链服务质量和可靠性的研究。实际上，决策者在管理中常常面临多个互相冲突、不同维度的管理目标，而学界对同时考虑两个及以上的多目标决策冲突的研究不足。

从现实的角度来看，大型工程项目面临着动态性和复杂不确定性，决策者常常需要满足多个相互冲突的管理目标，但国内对不确定环境、动态性以及集成管理方面的研究尚待深入，目前还没有形成复杂不确定情况下多目标动态资源规划管理的系统研究。因此，本书在大型工程项目不确定性工程供应链管理理论和实践方面进行了拓展。

1.3　研究内容

信息技术的发展、动态的市场变化以及复杂的工程环境，对工程项目活动管理能力提出了更高的要求，企业之间的竞争力也越来越表现在供应链管理水平上。本书基于工程供应链的思想，以工程项目活动为研究对象，以模糊不确定变量为研究工具，以多目标多阶段决策为模型框架，在现有研究的基础上综合运用决策优化理论，以智能算法为技术手段，结合案例模拟分析，对动态模糊不确定环境下的基于工程供应链项目活动管理优化模型及应用展开一系列的研究。因此，本书属于工程供应链管理的研究范畴，从微观层面，用带模糊系数的决策方法和多目标多阶段的数学建模的方法改进工程项目活动的优化决策。

1.3.1　研究思路

本书针对研究对象——基于工程供应链的工程项目活动管理，通过对工程供应链研究背景的总结、研究现状的综述，结合工程项目活动的实际情况，将主体内容分为三个部分，分别针对工程供应链项目活动管理的三个主要问题，即采购与库存管理、库存与生产集成运营管理、采购与库存集成管理依次展开。

（1）采购与库存管理。考虑采购与供应过程中供应商、施工承包商、库存中转商之间矛盾统一的关系，并根据其管理成本、工期等目标，相应的约束条件，各阶段之间的状态方程以及各阶段之间的转化关系建立整体多目标多阶段的优化模型，讨论模型中物资需求的不确定性，并设计基于模拟退火的粒子群算法求解该数学模型，将模型与算法模拟应用到某水电站建设工程采购与供应问题中以验证模型与算法的有效性，并对结果进行了分析、对算法及模型进行了对比讨论。因此，基于工程供应链的采购与库存管理可以满足库存与预算的约束同时帮助决策者实现多个维度的管理目标。

（2）库存与生产集成运营管理。将工程供应链看作集成化供应链，以供应链整体效益为管理目标，既考虑了业主与预制件加工商成本，又考虑了服务水平，同时综合考虑了动态多阶段性和需求不确定性多种因素，使用期望值方法对模糊随机不确定因素进行处理，为工程供应链库存与生产计划建立了一个多目标多阶段的优化模型，并通过遗传算法求解。案例模拟的分析可以为工程管理者提供一定的参考价值。

（3）采购与库存集成管理。将订购量、提前期、再订货点视为决策变量，具体分析了三阶工程供应链中的生产成本、采购成本、持有成本、代理成本、提前期赶工成本。第二部分的研究旨在通过建立采购与库存决策优化模型降低工程供应链上每个参与者的总成本。最后使用数值算例对所构建的决策优化模型进行模拟应用，并采用粒子群算法进行求解。结果表明，利用第三部分所构建的三级工程供应链采购与库存决策优化模型可以有效降低工程供应链上供应商成本、库存承包商成本和业主采购成本。

可见，研究的主体内容根据工程供应链项目供应活动管理的三个方面，涵盖采购管理、库存管理、生产运营管理。每个主题章节从问题描述、模型建立、算法设计和案例模拟四个方面依次展开研究。每个问题都包括模糊变量，属于带模糊系数的决策问题，通常也被称为可能性决策问题。本书在问题的建模过程中采取由分到总的逻辑顺序，依次建立多个维度的不同管理目标、各个阶段的状态转化关系、资源约束条件、初始状态和全局模型，每个模拟案例分析都包含了数据收集、结果讨论、算法比较和分析。

1.3.2 技术路线

多阶段决策问题的关键在识别和处理决策问题的动态性。基于工程供应链项目供应活动管理的难点在于处理复杂不确定的环境因素和协调多个维度的管理目标。为了系统地诠释基于工程供应链的项目活动管理优化决策问题，本书重点研究了模糊随机不确定的多目标多阶段采购与库存管理、模糊随机不确定的多目标多阶段生产调度与集成运营管理、提前期不确定的三级工程供应链多目标采购与库存管理三个方面的多目标工程供应链管理决策问题。针对工程供应链的实际情况，分别构建适合于工程供应链项目供应活动管理中各问题的规划模型，从而构建具有实践意义的模糊随机型多目标多阶段决策理论，如图 1 – 15 所示。

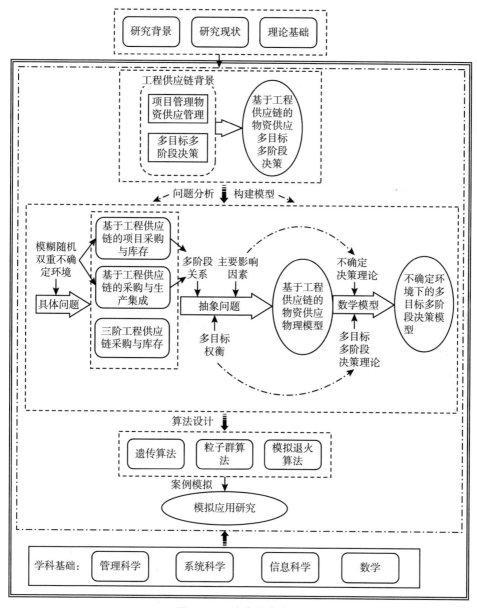

图 1 – 15 本书技术路线

本书的技术路线是以工程供应链管理理论为指导，以决策科学理论为主要工具，以智能算法为技术手段，以实践应用为背景展开研究。

本书的研究方向，一是工程供应链项目活动管理的研究现状，二是工程供应链项目活动管理中存在的多阶段决策问题。通过具体可行的调研计划和参考文献资料整理，了解研究现状，对研究背景进行了相对全面的阐述，以保证研究内容具有实际意义。

本书在调查研究的基础上对工程供应链项目供应活动管理问题进行分析，确定研究对象。由于研究对象多目标多阶段采购与库存问题、多目标多阶段生产调度问题与集成运营管理问题、三级工程供应链多目标采购与库存管理问题都有多目标的特征，因此对其中模糊随机不确定性变量的处理需要运用模糊决策理论。而对研究问题进行抽象，归纳总结，并建立一般性的模型则需要运用决策与优化科学与多阶段决策理论。求解这种复杂的多目标多阶段决策模型需要运用智能算法。最后，验证模型及算法的有效性需要进行案例模拟与分析、比较和讨论。

1.3.3 研究方法

本书围绕我国大型建设工程供应链项目管理活动动态优化决策问题，结合其模糊不确定性、多阶段性、多目标性的特点，利用模糊多阶段模型来优化工程供应链上的采购与库存、采购与生产集成管理等运作层面项目活动管理问题。在广泛吸收和借鉴现有研究的基础上，主要采用模糊不确定理论、多阶段决策理论、多目标规划理论与优化理论等相结合的分析方法作为主导分析方法。并采用基于管理系统论的系统分析方法和基于"机理分析—模型研究—算法设计"的研究思路，对带模糊现象的工程供应链多阶段项目活动管理问题进行研究。

1. 系统优化

基于"机理分析—模型研究—算法设计"的研究思路，对多重不确定环境下装配式建筑供应链生产决策问题进行系统性研究分析。通过装配式建筑供应链生产决策问题机理分析，构建不同情境下生产库存集成管理模型，从工程供应链全局整体优化视角解决多目标多阶段动态决策问题。

2. 6PRM 范式

采用6PRM 范式（6PRM research paradigm）从问题体系（P）、研究体系（R）、模型体系（M）三个层次进行系统研究。问题层面按"单一问题—类型问题—抽象问题—还原问题—求解问题—解决问题"的思路进行分析；研究层面按"研究提出—研究背景—研究基础—研究实现—研究框架—研究应用"的顺序展开研究；模型层面按"概念模型—物理模型—物理数学模型—数学物理模型—算法模型—具体模型"的顺序构建模型。

3. 多目标多阶段动态决策技术

针对我国大型建设工程供应链动态供给决策问题运用多目标多阶段决策技术构建决策优化数学模型，需要进行目标优先级的处理、解的存在性、最有效条件讨论。根据问题动态性特征，分析时段之间变化关系，构建状态连接方程。

4. 数据分析

根据实际情况，采用适宜的随机、模糊、双重不确定理论，描述和处理大型建设工程供应链供给决策中的不确定性。用统计学方法对历史数据进行数据校正、分布函数检验，参数估计、回归分析和时间序列分析等。

1.3.4　研究框架

本书研究内容包括绪论、理论基础、多目标多阶段采购与库存多目标多阶段决策问题、可变提前期的三级工程供应链采购与库存多目标决策、多阶段多目标采购与生产集成运营管理多目标多阶段决策问题及其应用、结语六章。研究框架如图 1-16 所示。

（1）绪论部分，介绍了基于工程供应链的项目活动管理研究背景，多阶段决策理论和模糊不确定理论的研究现状，通过文献综述对现有相关研究进行汇总、梳理及分析，在此基础上提出研究内容。

（2）理论基础，概述了研究所涉及的多目标多阶段决策理论、模糊决策理论与智能算法基础知识。

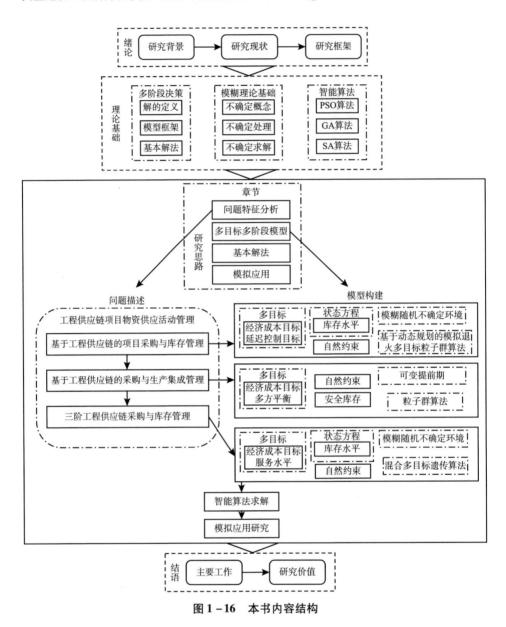

图 1-16 本书内容结构

（3）大型工程二级供应链模糊随机环境下动态物料采购与供应问题。将多阶段决策技术应用到大型工程项目物料采购与供应问题中，考虑了大型工程供应链上多个决策者，多个管理目标，并考虑了实际问题中存在不确定的因素，构建了新的基于供应链思想的大型工程项目采购与库存多目标多阶段决策数学模型。该模型中，供应商的管理目标是生产成本、运输成本和库存成本最低；库存承包商的管理目标是采购成本、资金成本、库存成本等最低以及延迟成本最小。由于大型工程项目是一个复杂系统，为了较全面地反映实际问题中面临的不确定因素，该模型假设了一系列双重不确定变量，将持有成本、运输成本、配送成本、延迟率等假定为模糊不确定变量，并采用期望值算子将其转化为精确值。为了求解基于供应链思想的工程项目采购与库存多目标多阶段决策优化模型，提出了一个基于模拟退火的粒子群算法。基于模拟退火的粒子群算法具有动态多阶段的结构，可以减少搜索维度，从而加快计算速度。模拟退火算法作为新迭代种群的检测与接受准则嵌入粒子群算法，可以提高粒子群算法的搜索精度。最后将模型和算法模拟应用到某大型水电工程建设项目中，其结果分析验证了模型和算法的有效性。

（4）针对工程项目中的采购与生产集成运营管理问题，采用供应链管理的思想做了研究。基于供应链管理的思想，考虑了大型建设工程项目中的多个决策者。其中，业主的管理目标是采购成本最低，库存中转承包商的管理目标是库存成本最低和供应链服务水平最高，以此提高供应水平。因此，该问题具有多目标决策的特征。同时，使用模糊随机变量描述该问题中涉及的不确定变量，如配送延迟率、需求更改信息等，并利用期望值算子处理。通过每个阶段库存的变化关系将不同阶段的状态联系起来，以此建立起多目标多阶段的数学模型。利用多目标遗传算法将该模型求解，并将模型模拟应用到某大型水利水电建设工程案例中，分析并讨论该模型的有效性、科学性及实用性，有利于拓展工程项目集成运营管理的数量分析方法。

（5）研究了三级工程供应链可变提前期的工程项目多目标采购与库存集成管理问题。将多目标决策技术应用到三级工程供应链的采购与库存集成管理问题中，在实际的工程供应链中，由于订单准备、订单运输、供应商提前期、交货期和设置时间的不确定性，提前期是一个随机变量。现有关于库存管理的研究讨论了一般库存模型中的可变提前期。然而，在工程供应链管理领域，关于可变提前期的工程项目物资采购的研究非常有限。因此，本书在这一章内容同时将采购量、提前期和再订购点作为决策变量进行优化。以库存承包商、业主和供应商的经济成本作为控制目标，具体分析了三级工程供应链中的生产成本、采购成本、持有成本、代理成本、提前期赶工成本。通过降低三者的经济成本，平衡工程供应链上三者之间的利益，提高供应链的供应效率，最终建立考虑可变提前期的三级工程供应链多目标采购与库存集成管理决策优化的数学模型。为了求解该模型，本部分使用了粒子群算法。最后采用一些算例对该决策优化模型进行数值模拟，并探讨了库存代理费和额外成本对采购计划的影响。

第 2 章
理论基础

工程供应链活动是多种理论方法的综合体现，其中工程供应链的思想为整个项目活动管理提供了概念框架。本章概述了本研究所涉及的多目标多阶段决策理论、模糊决策理论与智能算法。其中，多目标多阶段决策部分主要描述了多目标多阶段决策的基本概念，并阐述了其科学性和实用性；模糊决策理论部分描述了问题的不确定性特征；求解算法部分主要讲述了相关启发式算法的种类，为求解工程供应链项目活动管理问题提供了算法支撑。

2.1 多阶段决策

工程环境中，决策问题会涉及多个时间阶段进行有序决策，上一阶段的决策会影响下一阶段的决策。实际上，许多工程管理领域的问题可以抽象为这种多阶段决策问题，可以用多阶段决策优化模型进行求解，如库存管理问题、水电调度问题、设施选址问题等。对其进行研究具有广泛的应用背景和价值。下面对多目标多阶段动态规划模型的基本概念、一般形式及求解方式作进一步的介绍。

2.1.1 规划模型

若某个问题的决策过程分为若干个互相联系的阶段，决策者需要对每个阶段依次分别作出决策，一个阶段的决策会影响下一个阶段的决策，这样具有链状结构的多次决策问题称为多阶段决策问题。多阶段问题最初被看成有序决策问题（Bellman R，1957；Bellman R and Dreyfus S，1962）。随着研究的发展，后期学者关注到其在一系列时间阶段进行决策的特点，因此该有序决策问题又称为多阶段决策问题（Rao S，2009）。多阶段规划是多阶段决策问题的数学模型表示，在该模型中，同时包含多个目标函数、状态转移方程、初始状态和约束条件。各个阶段之间通过状态转移方程相互联系和影响。同时，每个阶段的决策都会对目标函数产生影响。

多阶段决策规划模型包括 7 个基本要素：阶段、终止时间、状态、决策、策略、状态转移方程、初始状态和终止条件。

1. 阶段

决策问题通常被分为多个连续有序的时间段，每个时间段是一个阶段（Kacprzyk J，1983）。每个阶段的输出是其后续一个阶段的输入。因此，这一系列首尾相接的独立决策阶段形成了一个非循环的序贯决策过程。描述阶段的变量称为阶段变量，用 k 表示。通常情况下，阶段变量是离散的；当任何时刻可以作出决策，且在任意两个不同的时刻之间允许有无穷多个决策时，阶段变量是连续的。

2. 终止时间

终止时间是整个决策系统最后一个阶段的终止时间，表示为 T。终止时间通常有三种情况：固定终止时间、不确定终止时间、无限终止时间。设 T 为终止时间，Ω 为终止状态子集，$x_T \in \Omega$。当多阶段决策的系统状态首次进入终止状态子集 Ω，即触发终止条件，则多阶段决策过程终止。

3. 状态

状态是某阶段 k 的初始位置，同时是前一阶段 $k-1$ 的结束位置。所有的状态通常可以用一组数来描述，称为状态变量，可以用 $x(k)$ 表示。状态变量的取值范围所形成的集合称为状态集合。

4. 决策

决策为某阶段 k 所采取的行动，描述决策的变量称决策变量，用 $u(k)$ 表示。多阶段决策过程中，决策者需要在每一个阶段分别作出决策，决策之间是相互独立的，但是决策会影响下一阶段的状态。$D(x)$ 表示在状态 x 下，所有可行决策 $u(k)$ 的集合，称 $D(x)$ 为决策空间。若 $D(x)$ 为空集，表示在状态 x 下无可行决策，即状态 x 为终止状态。

5. 策略

多阶段决策过程形成了一条前后关联的有序决策序列，称为一个策略。多阶段决策优化问题就是在多个可供选择的策略中选择最优策略，使总体管理目标达到最优。

6. 状态转移方程

若已知某一阶段 k 的状态为 $x(k)$，决策变量为 $u(k)$，则下一阶段 $k+1$ 的状态 $x(k+1)$ 可以由上一阶段的状态 $x(k)$ 和决策 $u(k)$ 推出，这种涵盖 k 阶段到 $k+1$ 阶段的状态转移规律的模型称为状态转移方程。

7. 初始状态和终止条件

初始状态即第一个阶段开始时的状态，通常为已知状态，表示为 $x(0)$。

当只有一个管理目标时，例如利润最大、完工时间最短或者管理成本最低，其一般的数学模型如下：

$$\begin{cases} \max J(x(0), x(T), \pi) \\ \text{s. t.} \begin{cases} x(k+1) = f_k(x(k), u(k)) \\ x(0) \in I \\ g_j(x(\bullet), u(\bullet)) \leq 0, j = 1, 2, \cdots, p \\ x(k) \in X, k = 1, 2, \cdots \\ u(k) \in U, k = 1, 2, \cdots \end{cases} \end{cases} \quad (2-1)$$

式（2-1）中，j 为一般约束条件指数，$j = 1, 2, \cdots, p$；k 表示阶段指数，$k = 1, 2, \cdots, T$，T 表示终止时间。$x(k)$ 为阶段 k 的状态变量，$u(k)$ 为阶段 k 的决策变量；$J(x(0), x(T), \pi)$ 为目标函数，$g_j(x(\bullet), u(\bullet))$ 为约束条件，$f_k(x(k), u(k))$ 为状态方程；I 为初始状态，X 为状态空间，U 为决策范围，$\pi = (u(0), u(1), \cdots, u(T))$ 为整个决策过程的策略，$U(\pi)$ 为终止状态范围。

在工程实践中，决策者在对项目活动进行决策时通常需要考虑多个维度的管理目标。由于管理维度的不同，各个管理目标之间可能是相互制约或矛盾的关系。这种情况下的问题属于多目标多阶段决策问题，其一般的数学模型如下：

$$\begin{cases} \max\{J_1(x(0),\ x(T),\ \pi),\ J_2(x(0),\ x(T),\ \pi),\ \cdots,\ J_n(x(0),\ x(T),\ \pi)\} \\ \\ \text{s. t.}\begin{cases} x(k+1)=f_k(x(k),\ u(k)) \\ x(0)\in I \\ g_j(x(\bullet),\ u(\bullet))\leqslant 0,\ j=1,\ 2,\ \cdots,\ p \\ x(k)\in X,\ k=1,\ 2,\ \cdots \\ u(k)\in U,\ k=1,\ 2,\ \cdots \end{cases} \end{cases}$$

$$(2-2)$$

式（2-2）中，i 为目标函数指数，$i=1,\ 2,\ \cdots,\ n$。

图 2-1 展示了单目标多阶段决策与多目标多阶段决策过程。

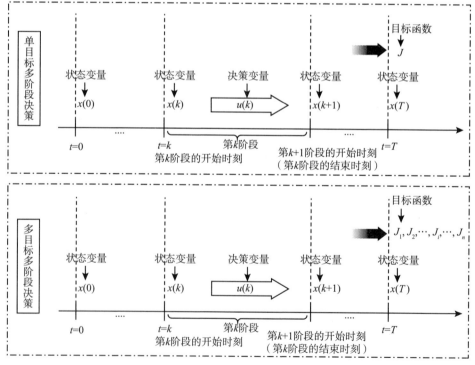

图 2-1　单目标多阶段决策与多目标多阶段决策过程

根据终止条件的不同，多阶段多目标决策规划有三种模型：确定终止时间下的多目标多阶段决策模型、不确定终止时间下的多目标多阶段决策模型、无终止时间的多目标多阶段决策模型。

第一种模型假设事先给定终止时间 T 为固定值 a，即假设 $T = a$，事先已知所有阶段的数量 a。这种情况成为确定终止时间下的多目标多阶段决策模型，其一般的形式可以表示为：

$$\begin{cases} \max\{J_1(x(0),\ x(T),\ \pi),\ J_2(x(0),\ x(T),\ \pi),\ \cdots,\ J_n(x(0),\ x(T),\ \pi)\} \\ \text{s. t.} \begin{cases} x(k+1) = f_k(x(k),\ u(k)) \\ x(0) \in I \\ T = a \\ g_j(x(\bullet),\ u(\bullet)) \leqslant 0,\ j = 1,\ 2,\ \cdots,\ p \\ x(k) \in X,\ k = 1,\ 2,\ \cdots,\ T \\ u(k) \in U,\ k = 1,\ 2,\ \cdots,\ T \end{cases} \end{cases}$$

$$(2-3)$$

第二种模型为多目标多阶段决策模型终止时间不确定的情况：假设 $U(\pi)$ 为终止状态的空间，仅当最后一个阶段的决策变量 $x(T) \in U(\pi)$ 时，终止时间 T 确定。这样，通过控制输入变量可以将整个决策系统的状态控制在一定的范围内。这种终止时间不确定的多目标多阶段决策模型的一般形式为：

$$\begin{cases} \max\{J_1(x(0),\ x(T),\ \pi),\ J_2(x(0),\ x(T),\ \pi),\ \cdots,\ J_n(x(0),\ x(T),\ \pi)\} \\ \text{s. t.} \begin{cases} x(k+1) = f_k(x(k),\ u(k)) \\ x(0) \in I \\ x(T) \in U(\pi) \\ g_j(x(\bullet),\ u(\bullet)) \leqslant 0,\ j = 1,\ 2,\ \cdots,\ p \\ x(k) \in X,\ k = 1,\ 2,\ \cdots,\ T \\ u(k) \in U,\ k = 1,\ 2,\ \cdots,\ T \end{cases} \end{cases}$$

$$(2-4)$$

1970 年，由贝尔曼和扎德首次提出这种模型的应用后，该模型被广泛应用于基础设施建设、设备选址和工程调度等问题。

第三种模型为终止时间无限的多目标多阶段决策模型（Kacprzyk J，Iwánski C，1987）。在该问题中，决策阶段的数量为无限，即 $T = \infty$，其一般的数学形式如下：

$$
\left\{
\begin{array}{l}
\max\left\{J_1(x(0),\ x(T),\ \pi),\ J_2(x(0),\ x(T),\ \pi),\ \cdots,\ J_n(x(0),\ x(T),\ \pi)\right\} \\
\\
\text{s. t.}\left\{
\begin{array}{c}
x(k+1)=f_k(x(k),\ u(k)) \\
x(0)\in I \\
T=inf \\
g_j(x(\bullet),\ u(\bullet))\leqslant 0,\ j=1,\ 2,\ \cdots,\ p \\
x(k)\in X,\ k=1,\ 2,\ \cdots \\
u(k)\in U,\ k=1,\ 2,\ \cdots
\end{array}
\right.
\end{array}
\right.
$$

$$(2-5)$$

终止时间无限的多目标多阶段决策模型主要应用于有长期规划的问题，例如水资源管理、城市发展规划等。作为经典的复杂优化方法，动态规划在水力发电，特别是小型水电站运营领域得到了广泛的应用（Allen R and Bridgeman S, 1986；Georgakakos A et al., 1997；Yi J et al., 2003；Siu T et al., 2001；Snyder W et al., 1987）。

2.1.2　基本解法

多阶段决策问题的决策是在各个时间阶段依次进行的，一个阶段的决策随即影响状态变量和下个阶段的决策变量，这种相互关联的有序决策是在不断变化的状态中产生的，具有动态变化的特征。

举个简单的例子，在库存管理中，如果这个阶段的决策变量采购量和库存状态是已知的，则下一个阶段的库存水平可以据此计算出来。据此可以优化下一个阶段的决策变量和采购量。动态的概念存在于一个阶段的状态变化受之前阶段状态和决策的影响，并且这些状态之间的转换是自动进行的，并没有发生转换成本。解决这种多阶段决策最优化问题的方法称为动态规划方法。能采用动态规划求解的问题必须满足最优化原理和无后效性。

1. 最优化原理

不论初始状态和初始决策如何，最优策略满足相对前面决策所形成的状态而言，其后各阶段的决策序列必然构成最优子策略。

工程项目管理决策优化问题通常预先给定具有终止时间的若干时间阶段的

优化问题,属于离散时间系统的确定终止条件的多阶段决策模型。假设终止时间为 N,状态空间为 R^n,决策空间为 R^m,状态转移方程为:

$$x_{k+1} = f_k(x_k, u_k) \qquad (2-6)$$

其中阶段 $k = 0, 1, \cdots, N-1$。可容许决策集合为 $U_k(x_k) \subset R^m$。目标函数满足递推关系

$$J_k(x_k, \pi_k) = \Gamma_k[x_k, u_k, J_{k+1}(x_{k+1}, \pi_{k+1})] \qquad (2-7)$$

其中,$k = 0, 1, \cdots, N-1$。当 $k = N$ 时,J_N 是状态变量 x_N 的函数。

假设每个阶段 $k \in \{0, 1, \cdots, N-1\}$ 均存在一个最优 k-子策略 π_k^*。

【定义 2.1】策略 π_k^* 是最优 k-子策略(Bellman R,1957),当且仅当

$$\forall x_k \in X_k, \ J_k(x_k, \pi_k^*) = \min_{\pi_k \in \Pi_{k,a}} J_k(x_k, \pi_k) \qquad (2-8)$$

其中,$\Pi_{k,a}$ 为 k-子策略集,$k = 0, 1, \cdots, N-1$。

【定义 2.2】最优性原理(Bellman R,1957):设 Γ_k 为关于 J_{k+1} 的单调递增函数,π_k^* 为最优策略 π_0^* 的 k-子策略,其中 $1 \leqslant k \leqslant N-1$,如果 $x_k = f_{0,k}(x_0, \pi_{0,k}^*)$,则 π_k^* 为最优 k-子策略。

2. 无后效性

对于某个给定的阶段,只能通过改变当前阶段的状态影响未来的决策,以前各阶段的状态已无法改变。

另外,只有当问题具备子问题的重叠性时,动态规划算法才能通过将指数级时间复杂度转化成多项式时间复杂度,从而凸显出其解决冗余的优势。但是,由于其实现过程中需要存储各种状态,所以相对于其他算法,动态规划算法的突出问题是需要很大的存储空间。动态规划求解的另一个难点是大规模的问题中如何在不影响运行速度的前提下,解决空间溢出的问题。

动态规划求解的基本步骤如下。

(1)划分阶段:根据时间或空间特征,将问题分为若干个有序的阶段。

(2)确定状态和状态变量。

(3)确定决策变量和状态转移方程:根据相邻两个阶段之间的状态关系来确定决策变量和状态转移方程。

(4)确定终止条件:根据终止时间确定状态递推的结束。

(5)根据目标函数刻画最优解的结构特征。

（6）设计递归程序：以自底向上或自顶向下的记忆化方式计算出最优值，构造问题的最优解。

另外，动态规划的求解过程可以用最优决策表来描述。最优决策表是一个二维表，其中行表示阶段，列表示状态。根据递推关系，从第 1 行第 1 列开始，以行或者列优先的顺序，在某个阶段或某状态对应的表格中填入最优值，并依次填写完成表格。最后根据整个表格的数据通过简单的运算求得问题的最优解。

2.2 模糊理论基础

实际的工程环境中存在许多不确定性因素。有些不确定性是由于自身因素难以按照精确的标准进行界定和区分，有些掺杂了人为的主观判断，导致对其描述含糊不清，有些则是由于缺少统计数据而难以准确估计。在收集数据的过程中，实际数据和对不确定性因素的估计之间存在一定的偏差。这种偏差会导致对管理问题不能准确地预测，进而影响决策结果。因此，工程项目活动管理优化决策需要考虑这种内在的不确定性。为了研究工程项目活动管理问题的这种不确定性的影响，需要对模糊的基础知识进行回顾。下面简单介绍包括模糊数以及模糊变量等的模糊理论的基础知识。

2.2.1 模糊变量

1965，扎德（Zadeh L，1965）最先提出了模糊集概念，随后又提出了可能性理论（Zadeh L，1978）。设 U 为论域，$\tilde{A}$ 为普通集合，$\tilde{A}$ 由 U 中的某些元素 $x(\in U)$ 的全体组成。这时，U 中的每个元素或者属于 A，或者不属于 A，$A \subset U$。但当元素与集合的隶属关系定义不清晰时，例如"大""漂亮""约等于 13"等，就很难用经典的集合论或者概率论处理，而适合用模糊集的概念进行处理。

【定义 2.3】设 U 为论域，$\tilde{A}$ 为论域 U 的一个子集（Zadeh L，1965）。对 $\forall x \in U$，函数 $\mu_{\tilde{A}}: U \rightarrow [0, 1]$ 都指定了一个值 $\mu_{\tilde{A}}(x) \in [0, 1]$ 与之对应。$\mu_{\tilde{A}}(x)$ 在元素 x 处的值反映了元素 x 隶属于 $\tilde{A}$ 的程度，称集合 $\tilde{A}$ 为模糊子集，$\mu_{\tilde{A}}(x)$ 称为 $\tilde{A}$ 的隶属函数。

若 $\mu_{\tilde{A}}(x)$ 的值越接近 1，则 x 越属于 $\tilde{A}$；若 $\mu_{\tilde{A}}(x)$ 的值越接近 0，则 x 越不属于 $\tilde{A}$。模糊集可以用序对的形式表示为 $\tilde{A} = \{(x, \mu_{\tilde{A}}(x)) \mid x \in X\}$。

【定义 2.4】若 $\alpha \in [0, 1]$，$A_\alpha = \{x \in X \mid \mu_{\tilde{A}}(x) \geq \alpha\}$，则 A_α 称为模糊集 $\tilde{A}$ 的 α-截集（Zimmermann H，2001），表示为隶属度函数大于等于 α- 的元素所组成的集合，其中 α 称为置信水平值。

【定义 2.5】设 $\tilde{A}$ 为一个模糊集，$\mu: R \rightarrow [0, 1]$。若 $\tilde{A}$ 同时满足下列条件，则称 $\tilde{A}$ 为模糊数（Zimmermann H，2001）。

（1）$\tilde{A}$ 是正规的，即存在 $x_0 \in R$ 使得 $\mu(x_0) = 1$。

（2）$\tilde{A}$ 是凸模糊集，即 $\mu(\lambda(x) + (1-\lambda)y) \geq \min(\mu(x), \mu(y))$，$x, y \in R$，$r \in [0, 1]$。

（3）$\tilde{A}$ 是上半连续的，即 α-截集 $A_\alpha = \{x \in X \mid \mu_{\tilde{A}}(x) \geq \alpha\}$ 是闭集，对 $\forall 0 < \alpha \leq 1$。

（4）$Supp\ \mu = \{x \in R \mid \mu(x) > 0\}$ 是 μ 的支撑集，它的闭集 $cl(\mu)$ 是紧的。

由此可知，设 E 表示所有模糊数构成的集合，μ^α 为 R 上的非空紧凸集，则 $\mu^\alpha = [\mu_*(\alpha), \mu^*(\alpha)]$，$\forall \mu \in E$，$\forall \alpha \in [0, 1]$。其中 $\mu_*(\alpha)$，$\mu^*(\alpha)$ 分别表示闭区间 μ^α 的左端点和右端点。

常见的模糊数有三角模糊数、梯形模糊数，其中，三角模糊数 $\tilde{M}$ 定义如下：

【定义 2.6】如果用 1、n 分别表示模糊数 $\tilde{M}$ 的下界值和上界值，$\mu^M(x)$ 是以非模糊为特征函数定义的拟属度函数（Zhou F et al.，2009），则：

$$\mu_M(x) = \begin{cases} 0, & x \leq l \\ \dfrac{x-l}{m-l}, & l < x \leq m \\ \dfrac{n-x}{n-m}, & m < x \leq n \\ 0, & x \geq n \end{cases}$$

记作 $\tilde{M} = (l, m, n)$，则 $\tilde{M}$ 为三角模糊数。

根据定义，对于一个三角模糊数 $\tilde{M} = (l, m, n)$，如图 2-2 所示，它的实数集上的 α 切平集如下：

$$\tilde{M}_\alpha = [M_\alpha^L, M_\alpha^U] = [l + \alpha(m-l), n - \alpha(n-l)]$$

其中 M_α^L 和 M_α^U 分别是上下界点。

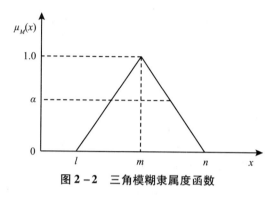

图 2-2　三角模糊隶属度函数

某些情况下，例如参数的取值范围为 $[a, b]$，最可能的范围是 $[c, d]$，这种模糊参数需要用梯形模糊数表示。梯形模糊隶属度函数实质上可以看作三角模糊隶属度函数的一种扩展形式，其数学表达式如下：

$$\mu_M(x) = \begin{cases} 0, & x \leqslant a \\ \dfrac{x-a}{c-a}, & a < x \leqslant c \\ 1, & c < x \leqslant d \\ \dfrac{x-b}{d-b}, & d < x \leqslant b \\ 0, & x \geqslant b \end{cases}$$

记作 $\tilde{M} = (a, c, d, b)$，则 $\tilde{M}$ 称为梯形模糊数，见图 2-3。

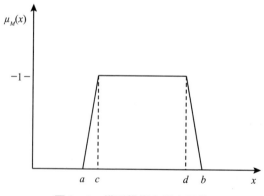

图 2-3　梯形模糊隶属度函数

模糊变量最先由考夫曼和斯旺森（A. Kaufmann and D. Swanson，1975）提

出。随后，扎德（L. Zadeh，1974）和纳米亚斯（S. Nahmias，1978）对模糊变量进行了进一步的研究。模糊变量的定义如下：

【定义 2.7】从可能性空间（Θ，$P(\Theta)$，Pos）到实直线 $\Re$ 的一个函数 ξ，ξ 的隶属度函数为 μ（Nahmias S，1978）。对任意的 $A \in P(\Theta)$，$Pos\{A\} =$ $\sup\{\mu(\xi(\theta)) \mid \theta \in A\}$，则 ξ 为模糊变量。其模糊隶属度函数如下（Dubois D and Prade H，1978）：

$$\mu(x) = Pos\{\theta \in \Theta \mid \xi(\theta) = x\}$$

为了测量某一模糊事件发生的可能性，有多种度量方法。如果决策者是乐观型偏好，则适合使用可能性测度。

【定义 2.8】Θ 为非空集合，$P(\Theta)$ 为 Θ 的幂集（Liu B，2002），对任意的 $A \in P(\Theta)$，存在一个非负数使得 $Pos(A)$ 使得

（1）$Pos(\iota) = 0$；

（2）$Pos(\Theta) = 1$；

（3）$Pos\{\cup_i A_i\} = \sup Pos\{A_i\}$，对于 $P(\Theta)$ 任意的集合序列 A_i 成立。

$Pos\{A\}$ 称为 A 的可能性，函数 Pos 是可测的，称为可能性测度，三元总体 Θ、$P(\Theta)$、Pos 称为可能性空间。

如果为了降低测度的风险，决策者倾向于悲观型偏好，则适合用 Nec 必要性测度，即

【定义 2.9】假设 $\xi = (\xi_1, \xi_2, \cdots, \xi_n)$ 为可能性空间 Θ（Liu B，2002）、$P(\Theta)$、Pos 的模糊向量，$f: \Re^2 \to \Re$ 的连续性函数，则模糊事件的必要性测度为：

$$Nec\{f(\xi) \leq 0\} = 1 - Pos\{f(\xi) > 0\}$$

Nec 必要性测度为可能性测度的补集，$Pos\{f(\xi)\} + Nec\{f(\xi)\} = 1$。

在许多实际情况下，决策者的态度或偏好并不明确，而是常常持折中的态度。可信性测度的值恰恰是介于 Pos 和 $1 - Pos(A^c)$ 的折中值。因此采用可信性测度 Cr 来处理后续建模中模糊现象，提出了折中型可信性测度的方法（B. Liu and Y. Liu，2002）。

若 ξ 为定义在可信性空间 Θ、$P(\Theta)$、Pos 的模糊变量，则其隶属度函数可以表示为：

$$\mu(x) = (2Cr\{\xi = x\} \wedge 1), \quad x \in \Re$$

可以推测出可能性测度 Pos 取隶属度函数值的上确界为值，若决策者采用 Pos，则其决策为乐观的；若决策者选择 $1 - Pos(A^c)$ 为测度，说明其风险偏好为较低，采用悲观的策略。这两种测度分别反映了决策者极端的乐观态度和悲观态度。

2.2.2 模糊随机变量

模糊随机变量最早由夸克纳亚克（H. Kwakernaak, 1978）提出，后来许多学者从不同的角度对模糊随机变量进行了定义。这里引用普里和拉列斯库（L. Madan and D. Ralescu, 1986）对模糊随机变量在实数集合上的定义。R 为所有实数的集合，$F_c(R)$ 为所有模糊变量的集合，$K_c(R)$ 为所有非空有界闭区间。

【定义 2.10】 (Ω, F, P) 是概率空间，如果 $\forall 0 < \alpha \leqslant 1$，集值函数 ξ_α：$\Omega \rightarrow K_c(R)$，$\xi_\alpha(w) = (\xi(w))_\alpha = \{x \mid x \in R, \mu_{\xi(w)} \geqslant \alpha\}$，$\forall w \in \Omega$ 是 F 可测的，则称映射 $\xi: \Omega \rightarrow F_c(R)$ 为 (Ω, F, P) 上的模糊随机变量（Puri M L and Ralescu D A, 1986）。简单地说，模糊随机变量是一个数值为模糊值的随机变量。

如果 $\forall \omega \in \Omega$，$\xi(\omega)$ 是三角模糊变量，则 ξ 是三角模糊随机变量，$\xi(\omega) = [a(\omega) - l(\omega), a(\omega), a(\omega) + r(\omega)]$，$\omega \in \Omega$。在这种情况下，如果 $l(\omega)$ 和 $r(\omega)$ 为常量，则模糊随机变量 ξ 可以表示为 $\xi(\omega) = [a(\omega) - l, a(\omega), a(\omega) + r]$，如图 2 - 4 所示。

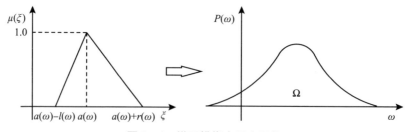

图 2 - 4 梯形模糊隶属度函数

2.2.3 期望值算子

为了处理不确定变量，需要将模糊变量和模糊随机变量转化为清晰值，模糊变量和模糊随机变量都可以用期望值算子转化为确定值。以下先介绍一种处理模糊变量的方法。泽特尼（T. Zétényi，1998）指出考虑用期望值来表示模糊集是一种名义上相当可取的方法。一个模糊集 A 的期望值等价于：

$$E(A) = \frac{\int_{-\infty}^{+\infty} x\mu_A(x)\,\mathrm{d}x}{\int_{-\infty}^{+\infty} \mu_A(x)\,\mathrm{d}x} \tag{2-9}$$

另外，带模糊测度 Cr 的期望值算子也是常用的方法（Xu J and Zeng Z，2014）。设 λ 表示决策者态度的乐观 – 悲观指标，则以三角模糊变量 $\xi = (a,b,c)$ 为例，其期望值的数学表达式如下：

$$E^{Cr}(\xi) = \begin{cases} \dfrac{\lambda}{2}a + \dfrac{b}{2} + \dfrac{1-\lambda}{2}c, & c \leqslant 0 \\[3mm] \dfrac{\lambda}{2}(a+b) + \dfrac{\lambda c^2 - (1-\lambda)b^2}{2(c-b)}, & b \leqslant 0 \leqslant c \\[3mm] \dfrac{\lambda}{2}(c+b) + \dfrac{(1-\lambda)b^2 - \lambda a^2}{2(b-a)}, & a < 0 \leqslant b \\[3mm] \dfrac{(1-\lambda)a + b + \lambda c}{2}, & 0 \leqslant c \end{cases} \tag{2-10}$$

同样，对于梯形模糊变量 $\xi = (a,c,d,b)$，经过带模糊测度 Cr 的期望值算子处理后，其期望值为：

$$E^{Cr}(\xi) = \begin{cases} \dfrac{\lambda}{2}(a+c) + \dfrac{1-\lambda}{2}(d+b), & b \leqslant 0 \\[3mm] \dfrac{\lambda}{2}(a+c) + \dfrac{\lambda b^2 - (1-\lambda)d^2}{2(b-d)}, & d \leqslant 0 \leqslant b \\[3mm] \dfrac{\lambda}{2}(a+c+d+b), & c < 0 \leqslant d \\[3mm] \dfrac{\lambda}{2}(d+b) + \dfrac{(1-\lambda)c^2 - \lambda a^2}{2(c-a)}, & a < 0 \leqslant c \\[3mm] \dfrac{(1-\lambda)(a+c) + \lambda(d+b)}{2}, & 0 \leqslant a \end{cases} \tag{2-11}$$

对于模糊随机变量的期望值，定义如下。

【定义 2.11】设 $\widetilde{\overline{\xi}}$ 是概率空间 (Ω, F, P) 的模糊随机变量，若 $\widetilde{\overline{\xi}}$ 的期望值 $E(\widetilde{\overline{\xi}})$ 是实数空间的唯一集合（Puri M and Ralescu D，1986），$\forall \alpha \in (0, 1]$，则 $E(\widetilde{\overline{\xi}})$ 满足

$$E(\tilde{\tilde{\xi}})_\alpha = \int_\Omega \xi_\alpha \mathrm{d}P = \{f(\omega)\mathrm{d}P(\omega): f \in L^1(P), f(\omega) \in \xi_\alpha(\omega) a.s.[P]\}$$

$$(2-12)$$

其中 $\int_\Omega \xi_\alpha \mathrm{d}P$ 是关于 P 的 Aumann 积分，$L^1(P)$ 表示概率 P 上的所有可积函数 $f: \Omega \rightarrow R$。

【引理 2.1】 设 (Ω, F, P) 为完整的概率空间，$\xi: \Omega \rightarrow F_c(R)$ 是双重模糊随机变量 (Puri M and Ralescu D, 1986)。则 $\forall \alpha \in (0, 1]$，$E(\xi)$ 的 α-水平截集取值范围可以表示为：

$$(E(\xi))_\alpha = [(E_\alpha^-(\xi)), (E_\alpha^+(\xi))] = [\int_\Omega (\xi(\omega))_\alpha^- \mathrm{d}P(\omega), \int_\Omega (\xi(\omega))_\alpha^+ \mathrm{d}P(\omega)]$$

$$(2-13)$$

对于计算模糊随机变量的期望值，可以结合决策者的偏好，利用混合式清晰化方法 (曾自强，2014)，首先将模糊随机变量转化为 (γ, σ)-水平的梯形模糊数。$\sigma \in [0, \sup p_\varphi(x)]$ 为随机变量给定的概率水平，$\gamma \in [\frac{[\xi]_R - [\xi]_L}{[\xi]_R - [\xi]_L + \varphi_\sigma^R - \varphi_\sigma^L}]$ 为可能性水平，都反映了决策者的偏好与态度。

设模糊随机变量为 $\tilde{\tilde{\xi}} = ([\xi]_L, \varphi(\omega), [\xi]_R)$。其中 $\varphi(\omega)$ 为随机变量，并服从正态分布 $N(\mu, \eta^2)$。

将模糊随机变量转化为 (γ, σ)-水平梯形模糊数的转化步骤如下。

(1) 通过统计或专家访谈等方式收集数据预测 $[\xi]_L$，$[\xi]_R$，μ 和 η^2 的数值。

(2) 采用群决策的方法 (Herrera F et al., 1996; Wu Z, Xu J, 2012) 估计决策者的态度，继而计算出概率水平 γ 和 σ 的值。

设 φ_σ 是随机变量 $\varphi(\omega)$ 的 σ-切平集，即 $\varphi_\sigma = [\varphi_\sigma^L, \varphi_\sigma^R] = \{x \in R \mid f_\varphi(x) \geq \sigma\}$。

其中上下边界 $\varphi_\sigma^L = \inf\{x \in R \mid f_\varphi(x) \geq \sigma\} = \mu - \sqrt{-2\eta^2 \ln(\sqrt{2\pi}\sigma\eta)}$，

$\varphi_\sigma^R = \inf\{x \in R \mid f_\varphi(x) \geq \sigma\} = \mu + \sqrt{-2\eta^2 \ln(\sqrt{2\pi}\sigma\eta)}$。

将模糊随机变量 $\tilde{\tilde{\xi}} = ([\xi]_L, \varphi(\omega), [\xi]_R)$ 转化为 (γ, σ)-水平的梯形模糊变量 $\tilde{\tilde{\xi}}_{(\gamma,\sigma)}$：

$$\tilde{\tilde{\xi}} \rightarrow \tilde{\tilde{\xi}}_{(\gamma,\sigma)} = ([\xi]_L, \underline{\xi}, \bar{\xi}, [\xi]_R)$$

其中 $\underline{\xi} = [\xi]_R - \gamma([\xi]_R - \varphi_\sigma^L)$，$\bar{\xi} = [\xi]_L + \gamma(\varphi_\sigma^R - [\xi]_L)$。隶属度函数 $\bar{\xi}_{(\gamma,\sigma)}(x)$ 表示为：

$$\mu_{\bar{\xi}_{(\gamma,\sigma)}}(x) = \begin{cases} 0, & x < [\xi]_L \, \mathrm{or} \, x > [\xi]_R \\[2mm] \dfrac{x - [\xi]_L}{\underline{\xi} - [\xi]_L}, & [\xi]_L \leq x < \underline{\xi} \\[2mm] 1, & \underline{\xi} \leq x \leq \bar{\xi} \\[2mm] \dfrac{[\xi]_R - x}{[\xi]_R - \bar{\xi}}, & \bar{\xi} < x \leq [\xi]_R \end{cases}$$

将模糊随机变量 $\tilde{\bar{\xi}}$ 转化为模糊变量 $\tilde{\xi}_{(\gamma,\sigma)}$ 后，再利用式（2-11）梯形模糊变量的期望值算法可以推算出模糊变量 $\tilde{\xi}_{(\gamma,\sigma)}$ 的期望值 $E^{Cr}[\tilde{\xi}_{(\gamma,\sigma)}]$。例如，通常实际工程中的模糊数的下边界大于 0，即 $a > 0$，这时梯形模糊变量 $\tilde{\xi}_{(\gamma,\sigma)}$ 的期望值可以表示为：

$$E^{Cr}[\tilde{\xi}_{(\gamma,\sigma)}] = \frac{(1-\lambda)}{2}([\xi]_L + \underline{\xi}) + \frac{\lambda}{2}(\bar{\xi} + [\xi]_R) \tag{2-14}$$

2.3 　智　能　算　法

大规模数据及复杂的多阶段决策问题通常是非线性 NP-问题，往往需要很长的计算时间，并且很难用传统的线性规划算法求出精确的最优解。为了解决大规模复杂多阶段决策问题，提高计算速度以便在有限的计算时间内求解，研究者通常会借助启发式智能算法。智能算法属于随机搜索算法，主要包含随机初始化、更新与评价规则、筛选优化解、迭代与终止条件四个步骤。为便于针对具体工程项目管理问题，本书设计相应的智能算法，这里主要介绍文章涉及的常用启发式智能算法，包括遗传算法、粒子群优化算法和模拟退火算法。

2.3.1　遗传算法

遗传算法是根据生物界适者生存的遗传规律演化而来的随机搜索算法。1962 年，荷兰教授（J. Holland, 1962）提出了模拟群体进化的思想，并引入了种群、适应值、选择、交叉、变异等基本概念。后来在 1975 年，荷兰教授（J. Holland, 1975）首次系统性地阐释了遗传算法的概念及技术。随后，遗传算法逐渐发展成近年对计算技术有重大影响的关键技术之一，成为智能算法研究与应用的热点。

1. 基本原理

遗传算法抽象于生物界适者生存的过程，通过全面模拟自然选择和遗传机制，形成一种具有"生成＋检验"特征的搜索算法。遗传算法以编码空间代替问题的参数空间，以一个染色体代表问题的一个可行解，由染色体组成遗传算法的种群。以适应度函数为评价依据，经过染色体个体位串的选择、复制、交叉、变异等操作实现遗传机制，建立一个迭代过程。在种群一代代的进化过程中搜索"更适应"评价环境的解，最终收敛成"最适应"某问题的满意解或最优解。

遗传算法在本质上是一种简单、直接、高效、并行、全局的搜索方法，善于解决复杂的非线性问题。遗传算法的主要特点：不要求函数的连续性，没有求导的限制条件，不依赖于具体问题，直接对结构对象（即问题参数编码而成的染色体）进行搜索和优化操作；其搜索的对象是种群而非单独的个体，具有高度内在并行性，因此降低了其陷入局部极点的可能性；采用随机搜索办法，具有概率特征，鲁棒性良好；具有全局搜索能力，自动获取与优化搜索空间，自适应地调整搜索方向。由于具有这些突出优点，遗传算法在生产决策、工程建设和管理、物流与供应链、工业优化控制、机器学习，信号处理等领域得到了广泛的应用。

2. 计算步骤

遗传算法的基本步骤如下。

步骤 1　初始化：根据问题特征，对问题的参数空间进行编码，将问题的表现型解编码为遗传空间的基因型串结构数据，随机建立初始化种群。常用的编码方式有二进制编码、大字符集编码、实数编码、字母或整数排列编码等。

步骤 2　个体评价：根据目标确定评价函数以计算个体的适应值。

步骤 3　选择运算：运用选择算子选择当前种群中的优良个体作为父代，从而把优良基因直接遗传到下一代。选择算子通常按比例进行，适应值大的被选中的概率大。选择过程反映了适者生存的思想，为遗传算法提供了驱动力。常用的选择算子的方式有轮盘赌选择、精英选择、竞争选择、稳态复制、比例与排序变换等。

步骤 4 交叉运算：运用交叉算子，既继承了两个父代个体的特性又实现了信息的交换，是遗传算法的核心部分。常用的交叉算子有一点交叉算子、多点交叉算子、一致交叉算子。

步骤 5 变异运算：运用变异算子可以使染色体上的基因值发生变动，有利于增加种群的多样性，使算法跳出局部搜索，从而防止算法过早收敛。通常使用的变异策略有非均匀变异、有向变异和高斯变异。

步骤 6 更新：经过上述遗传策略，生成新种群，跳至步骤 2。

步骤 7 检查：如果满足终止条件，则结束算法并输出最优值，否则转到步骤 6。

标准遗传算法的流程见图 2 - 5。

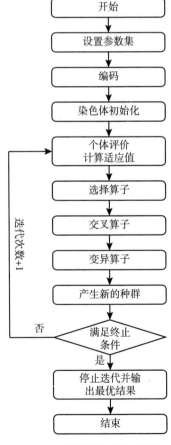

图 2 - 5 标准遗传算法的流程

遗传算法已成功解决工程优化问题（Gen M and Cheng R，2000；Xu J and Li Z，2012）、工程建设和管理问题（Coit D and Smith A，2005；Kumar R et al.，2009；Lova A et al.，2009；Reeves C，1995；Ruiz R and Maroto C，2006）。但是，由于搜索空间的局限性遗传算法存在局部搜索能力较差、在优化解上过早收敛的问题（Ghoshal，S，2004；Zhou F et al.，2009），因此进入 21 世纪后，许多学者开始将遗传算法与其他算法混合以提高遗传算法的搜索能力。例如欧诗漫和乔治等人（Osman H and Georgy G et al.，2003）在电脑辅助设计环境下利用遗传算法提出一个动态设施布局优化模型。戈沙尔（Ghoshal S，2004）利用模拟退火算法的指数接受概率作为检测接受或拒绝的指标，摆脱了遗传算法容易陷入局部最优解的难题，从而提高了遗传算法的搜索能力。另有将遗传算法与模拟退火相结合的文献（Sadfi C et al.，2005；Aggoune R，2004）。本书将在第 3 章采用基于模拟退火的遗传算法求解临时设施选址优化问题。

2.3.2　粒子群算法

基于生物学家弗兰克·赫普纳（Frank Heppner）的生物群体模型，通过模拟鸟群的觅食行为的智能算法称为粒子群算法（Partical Swarm Optimization，PSO）。粒子群算法是介于进化组合和遗传算法之间的算法。粒子群算法由肯尼迪和埃伯哈特于 1995 年（J. Kennedy and R. Eberhart，1995）首次提出。其基本思想是借助信息共享，在群体无序向有序的演化过程中观察个体的运动规律，以达到最优解决方案。粒子群算法能够有效解决非线性、不可微以及多峰值等复杂决策问题，并具有易实现、高精度、快速收敛、自适应能力较强、对存储空间的要求低、速度快等优点，因而已逐渐成为智能算法的一个重要分支（Eberhart R et al.，2001），被广泛应用到了各个学科和应用领域（Kennedy J et al.，2001；Ebehrart R and Shi Y，2001）。

1. 基本原理

通过观察鸟群的觅食过程可以发现，每个个体有其自身的飞行轨迹，整体鸟群向一个共同的中心点移动。同理，在粒子群算法中，一个粒子即多维空间中的一个点，每个搜索空间中的粒子（Particle）对应鸟群中一只鸟儿。所有的粒子共同组成粒子群，相当于鸟群。每一个粒子具有自身的飞行速度、位置及对应的适应值（fitness function），它的周转率对应飞行速度，位置代表问题候选的可能性解。周转率和位置信息都属于粒子的状态，评价值的高低体现出解的优劣。在搜索空间中，粒子必须朝向更好的位置，即更接近目标的方向飞行。因此，粒子需要在多维空间中根据自身在飞行过程中的最优位置（pbest）和群体在飞行中的最优位置（gbest）不断调整自己的飞行速度和飞行方向，反复迭代更新而形成优化轨迹，通过层层筛选，最终趋向最优解。

PSO 周转率的变化包含三个部分：社会群居影响、自我认知和动量。三个部分之间的平衡决定了全局和局部的搜索能力，即 PSO 的性能。POP_d^l 表示第 d 维空间第 l 个粒子的位置，$PBest_d^l(\tau)$ 表示第 τ 代第 d 维空间第 l 个粒子的最优位置，$GBest_i$ 表示全体粒子的最优位置，$VEL_d^l(\tau)$ 表示第 τ 代第 l 个粒子在第 d 维空间上的速度。下面的公式可以反映粒子群在搜索过程中如何更新周转率而从上一代转化粒子的状态：

$$VEL_d^l(\tau+1) = \omega(\tau) \times VEL_d^l(\tau) + r_1(Pbest_d^l(\tau) - POP_d^l(\tau))$$
$$+ r_2(Gbest_d(\tau) - POP_d^l(\tau)) \tag{2-15}$$

式（2-15）中 l 是粒子的代码，r_1 和 r_2 是 [0.1] 之间的随机函数，是用来控制前后周转率的惯性权重。式（2-15）表示粒子可以根据先前的周转率，现在位置离局部最优位置之间的距离、现在位置离全局最优位置之间的距离计算新的周转率。$\omega(\tau)$ 表示粒子的惯性权重，用以使粒子保持运动惯性，并有持续拓展搜索的趋势。$\omega(\tau)$ 还可以表示局部搜索与全局搜索的能力。$\omega(\tau)$ 较大，表示粒子群具有较强的全局搜索能力，$\omega(\tau)$ 较小，表示粒子群有较强的局部搜索能力。$\omega(\tau)$ 的一般初始值可以取 0.9，随着迭代次数而不断更新：

$$\omega(\tau) = \omega(T) + \frac{\tau-T}{1-T}[\omega(1) - \omega(T)] \tag{2-16}$$

其中 $\tau=1,2,\cdots,T$ 用来表示迭代次数，T 表示最大迭代次数。

随后，粒子再根据式（2-17）来更新粒子的位置。

$$POP_d^l(\tau+1) = VEL_d^l(\tau+1) + POP_d^l(\tau) \tag{2-17}$$

与其他智能算法相比，粒子群算法主要有以下特点。

（1）所有的粒子在搜索空间以一个随机速度飞行，并且可以通过计算适应值函数来评价自己所在位置的优劣。

（2）每个粒子都具有记忆功能。

（3）粒子在每次飞行前，需要结合自身和种群已到达过的最优位置来决定飞行的速度和方向。

（4）信息在粒子之间不共享，由整个种群的全局最优值信息 *Gbest* 传递至其他粒子。因此，粒子常常快速收敛到最优解。

2. 计算步骤

基本粒子群算法的流程见图 2 – 6。

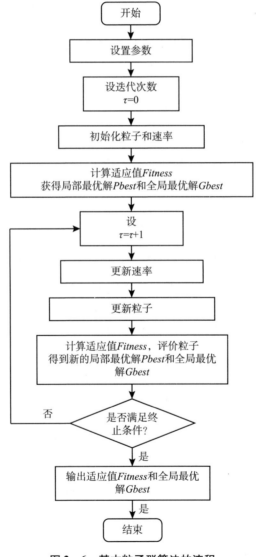

图 2 – 6 基本粒子群算法的流程

粒子群算法的基本计算步骤如下。

步骤 1 τ 表示迭代次数，设置 $\tau = 0$。

步骤 2 初始化粒子。l 表示粒子，随机产生 l^{th}（$l = 1$，2，…，L）。

粒子的位置向量 $P^l(0) \in [P^{\min}, P^{\max}]$，令初始代第 l^{th} 个粒子的速度向量 $V^l(0) = 0$，$P^{l,best} = P^l(0)$。

步骤 3 用适应值函数 *Fitness* 评价粒子，得到初始化粒子的适应值 *Fitness*$(P^l(0))$，再选出粒子个体最优位置向量 *Pbest*^{l} 和全局最优位置向量 *Gbest*(τ)。

步骤 4 迭代：$\tau = \tau + 1$，利用式（2 – 15）和式（2 – 17）更新粒子的速度和位置。

步骤 5 更新最优值：若 *Fitness*$(P^l(\tau)) <$ *Fitness*$(Pbest^l)$，则 $Pbest^l = P^l(\tau)$，$l = 1$，2，…，L；若 *Fitness*$(Pbest^l) <$ *Fitness*$(Gbest)$，则令 $Gbest = Pbest^l$，$l = 1$，2，…，L。

步骤 6 终止条件：若 $\tau \geqslant T$，则结束算法，输出全局最优粒子位置向量及适应值，否则跳至步骤 4，继续迭代搜索。

2.3.3 模拟退火算法

标准的模拟退火算法（simulated annealing，SA）基于统计物理学，是一种比较完善的元启发式局部随机搜索算法，最初由 S. 柯克帕特里克和 C. 小盖拉特等人（Kirkpatrick S and Gelatt C Jr. et al.，1983）提出。模拟退火算法可以解决复杂混合优化问题。现实中的许多复杂问题都已成功应用模拟退火算法。例如，贝卡思格鲁和金蒂（Baykasoglu A and Gindy N，2001）最早运用模拟退火算法解决动态场地布局问题。模拟退火算法实施起来简便易行，良好的收敛性质，避免陷入局部最优解的优点令模拟退火算法颇受欢迎（Glover F and Kochenberger G，2002）。

1. 基本原理

模拟退火算法的基本思想来源于固体退火原理：将固体加热至融化，再缓慢逐渐降温，直至固体达到最低能量状态；加热时，固体内部粒子随温度升高由稳定状态变为无序状态，内能增大，而慢慢冷却时粒子逐渐趋于有序状态，即平衡态；降至常温时，固体达到基态，内能最小。

在搜索过程中，模拟退火算法可以通过接受近似更优解，跳出局部优化的限制，防止过早收敛，从而达到全局优化的效果。这个过程不仅接受邻近搜索中的更优解，还接受一定比例的次优解以防止陷入局部最小值。接受的概率由一个控制温度降低过程的温度器控制。温度较高时接受概率较大，随着温度的降低接受概率也逐渐降低。

2. 计算步骤

假设温度为 T、E 为温度 T 时固体的内能，ΔE 为降温过程中内能的变化值，k 为 Boltzmann 常数，则固体内部粒子在温度 T 时趋于平衡的概率为 $e - \Delta E / (PT)$。其中，

$$k = \exp -\frac{\Delta E}{T} \qquad (2-18)$$

基本模拟退火算法的流程见图 2-7。模拟退火算法的基本计算步骤如下。

步骤 1　初始化温度：T_{in}，冷却率 α，迭代次数等参数。初始化的温度需要足够高以防止过早收敛，陷入局部最优。

步骤 2　随机产生初始化解。

步骤 3　随机产生邻近域中的新解。

步骤 4　对解进行评价，计算适应值。计算目标函数差：通常用问题的目标函数表示固体能量 E，用两次温度之间的目标函数差表示能量差 ΔE。

步骤 5　接受或舍弃邻近域中的新解：

搜索过程中产生的邻近解按下面的概率接受

$$P(\Delta E) = e^{\frac{-\Delta E}{T_c}} \qquad (2-19)$$

其中，T_c 表示当前的温度，如果概率 $P > \beta$，则接收邻近搜索域中的解，否则拒绝接受，维持现有解，其中 β 是取值在 [0, 1] 之间的随机数。

步骤 6　降温：每一次迭代中的温度通过下面的公式控制，缓慢降低

$$T_c = T_{in} \alpha^{el} \qquad (2-20)$$

其中，el 是迭代的次数。

步骤 7　终止条件：$el = el + 1$，若 $el < el_{ex}$，则没有达到最大迭代次数，则跳至步骤 3，继续迭代；若 $el \geq el_{ex}$，则达到终止条件，计算结束。

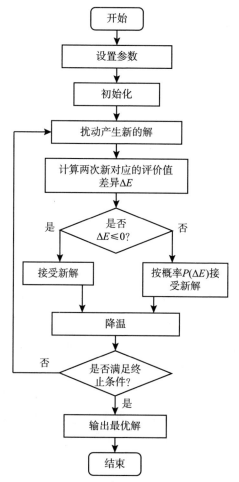

图 2-7 基本模拟退火算法的流程

理论上来说，只要初始温度足够高，退火过程足够慢，模拟退火算法就可以收敛到全局最优解。但实际应用中，受计算时间等条件限制，模拟退火算法只能给出一个精度很难确定的近似解。因此，实际操作中需要多次重复执行模拟退火算法，再选取其中的最优解作为最终的近似最优解。

第3章
资金成本约束下采购库存多序列决策

    物料采购与供应是工程项目的基础活动是工程项目顺利完成的基础。物资材料的缺货会导致施工工作无法正常进行，进而延误工期。同时，采购供应活动与库存活动紧密相关，库存起到材料需求与供应之间的缓冲与连接的作用，而高效的库存管理依赖于有效的供应计划。库存管理活动需要解决材料需求与供应不协调的问题，包括供应数量与需求数量不一致、实际需求与供应时间滞后等情况。这种不协调的情况常常会导致很多问题，例如供应数量不能满足实际的需要或者供应过量导致库存积压。好的库存管理方式可以减轻供应与需求之间不协调的问题。合理安排库存计划不仅可以减少资源浪费，避免材料短缺，同时可以降低库存成本，保证工期顺利进行从而提高工程项目的管理效率。因此，需要将采购供应与库存管理问题一起讨论，以期提出系统的集成优化方案。

    学术界针对工程供应链采购库存集成管理问题取得了一定的研究成果。例如，学者们在实践中制定了一个管理决策框架，基于活动特征信息（例如进度、成本和需求）提出了五种分配策略用以支持集成库存管理（H. Lu and H. Wang et al.，2018）：分别为基于进度的策略、基于成本的策略、基于需求的策略、基于进度-成本的策略和基于进度-需求的策略，以此链接项目进度表、供应商选择和材料计划等关键信息。艾哈迈迪安和拉希迪等人（Ahmadian F and Rashidi T et al.，2017）利用BIM提出了一种新的建筑材料供应链决策可持续性评估框架，对材料采购和库存集成管理问题进行了优化。在工程供应链采购与库存决策模型研究领域，研究了一类具有随机材料延迟的经常性项目供应链管理问题，探讨了（场外）材料供应链和（现场）项目活动网络之间的联系，并为此提出了项目驱动型供应链安全库存决策模型（X. Xu and Y. Zhao et al.，

2016）。戈帕拉（Golpira H，2020）针对多项目多资源中多供应商设施选址、工程供应链网络设计和库存管理策略集成管理问题，利用专家系统提出了一种新的建筑供应链网络设计 – 库存策略混合整数线性规划模型。该模型能够在时间和交付方面动态调度资源以及选择合适的供应商。结果表明，工程项目数量的增加可能会使工程供应链的总成本递增。

此外，工期内补货频率越高，库存成本越低。在大型工程供应链网络中，利用该模型进行库存策略优化可以平衡供应链总成本并增加成本可控性。为降低交通运输成本，默罕默德·纳扎里和肯纳泊尔（Mohammadnazari Z and Ghannadpour S，2021）采用多准则决策技术设计了一个同时使用施工现场储存设施和辅助仓库来储存物料的工程供应链网络，从而解决工程现场物料采购问题。

目前，许多学者意识到材料库存问题的重要性并提出了多种解决方法：例如资源约束下多种材料的库存优化模型（Chakraborty N et al.，2013；Mohan S et al.，2008）、供应链库存管理方法（Liu Q et al.，2015；Cachon GP and Fisher M，2000；Ehab B et al.，2014；Yang M and Lin Y，2012）、生命周期库存管理方法（Petersen A and Solberg B，2002；Zhang Q et al.，2007）、不确定环境下的库存优化模型（Dutta P et al.，2005；Xu J and Liu Y，2008；Xu J and Zhao L，2008；Moon I et al.，2012；Chakraborty N et al.，2013）、有损耗的物资库存管理模型（Teng J et al.，2011）、库存不准确环境下考虑实时信息的供应链协同机制设计（代宏砚等，2018）等。但是工程项目通常处在独特的环境中，需要大量的资金，工程材料的采购与供应根据项目的不同也有自身的特点。工程项目材料的供应与库存管理必须结合工程供应链的实际情况来讨论（Xue X et al.，2011；Javier I et al.，2013）。此外，当前缺乏对采购技术与供应链活动之间关系的认识，对工程材料集中管理和库存分配问题的研究存在不足（Lu H et al.，2018）。因此，本章基于工程供应链的思想对不确定环境下大型建设工程材料采购与库存决策优化问题进行研究。

为使项目参与者可以在不确定环境下控制整体的运行成本，本章设计了一个不确定环境下基于工程供应链的材料供应决策模式。首先，本章将降低供应商和库存承包商成本作为提升工程供应链管理效率的首要目标。由于动态工程供应链采购计划涉及大量的资金和较长的工期，本章考虑了时间的概念和资金成本对采购与库存决策的影响。其次，本章还研究了在大型建设工程材料采购与库存管理中如何控制供应过程中的延迟量。再次，设计了一个改进后的混合模拟退火粒子群优化算法作为求解的智能算法。最后，通过对一个资源约束下的大型水电站建设项目的案例模拟探讨该模型的可行性和操作的完整性。通过控制信息、材料和资金流，建设周期和成本可以适应不确定的环境和资源条件。

3.1 问题描述

将多阶段决策技术应用到工程供应链采购与库存优化问题中，考虑了采购与库存问题中的多个决策目标、不同的资源约束条件以及实际环境中的不确定因素，提出了新的动态多阶段采购与库存模糊随机数学模型，下面依次介绍问题的几个主要特征。

3.1.1 多种类目

工程建设项目采购与库存管理问题属于多种材料采购问题。建设工程通常有多个子项目，每个子项目分别有独立的工期和进度计划，不同的子项目需要不同种类和数量的材料，因此采购计划各有差异。这里暂且不讨论体积过小数量较少的材料（如螺丝或螺栓），因其对库存空间要求不高，而是专注于大型物料（如钢筋、钢管、钢板等）的采购与库存问题，如图 3-1 所示。

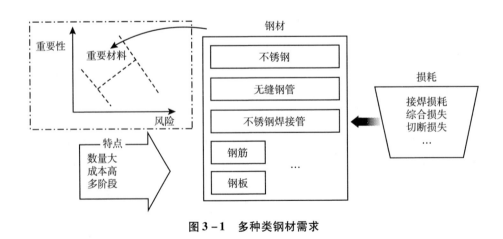

图 3-1 多种类钢材需求

3.1.2 动态调整

材料需求计划（MRP）通常是事先确定的。但由于工程项目常常受到天气和地形、人为等多方面的影响，物料需求计划（MRP）的调整在大型建设工程施工项目中十分常见（O'Brien W and Fischer M，1993）。因此，工程材料经常会出现使用不充分、浪费等情况（Vrijhoef R and Koskela L，2000），例如钢材的焊接损失、综合损失、切断损失等。随着在制品（work-in-process，WIP）库存策略的提出（Yao Y and Dresner M，2008），需要在物料需求计划的调整中考虑钢材的损耗。

基于工程供应链的采购与库存管理问题是一个多阶段的动态决策问题。一个大型工程建设项目需要每个子项目的共同努力才能完成，采购与供应中一个小的变化将引起工程供应链一系列的后续反应。例如，土木工程施工进度的变化可能会导致物料供应计划的改变。因此，基于工程供应链的采购与供应问题需要考虑建设项目的动态变化，以确保采购和供应的准时性和有效性。此外，根据实际交货数量和库存水平在不同阶段的动态变化，决策者需要针对多个不同阶段作出相应的决策。在每个阶段优化材料的采购与库存决策，尽量减少整个工期总运营成本。这里对多阶段决策的默认假设是决策按阶段动态有序进行。例如，如果当前阶段的采购数量和库存水平是已知的，可以据此计算出最后阶段的库存水平。换句话说，动态的概念意味着决策变量在一个阶段依赖于另一个阶段的决定。应该注意的是，阶段之间没有切换成本，库存状态自动从一个阶段进入另一个阶段。

3.1.3 不确定性

大型工程建设项目的环境存在多种不确定的因素（Xu J et al.，2013）。一方面，现代工程技术使工程师在施工作业中有更多的选择，同时决策者面临的是比以前更多的不精确的信息。当使用确定性数据时，确定性的数据通常与实际值之间存在一定的偏差，这可能会导致对工程供应链的估计不准确，从而误导决策。因此，应该在采购库存集成管理优化过程中认真考虑工程供应链固有的复杂性和不确定性对决策的影响。

另外，建设项目材料供应的不确定性会导致大量的浪费。研究表明，材料流的责任不足是施工进度和成本超支的主要原因，而复杂性、材料流动和缺乏信息共享是现场材料问题的三大主要原因（Heaton R et al.，2022）。针对承包商的关键材料问题，希顿和马丁等（Heaton R and Martin H et al.，2022）提出了潜在解决方案，包括更快的响应机制、增加材料处理人员的工作能力、分包商参与采购和预制过程。研究结果表明，通过考虑材料流中的决策不确定性，并认识到采购方法在施工供应链管理中对进度安排和成本控制的重要性，可以提高现场材料的管理水平。

受到数据采集方式的影响，可以选择模糊方法处理不确定性。利用模糊理论可以有效优化库存问题（Shekarian E et al.，2014）。工程材料采购与供应中面临着单位运输成本、供应延迟率的不确定性。

本章考虑了基于工程供应链采购与库存管理的实际情况。为保证建设项目的稳定运行，要求供应商不能出现缺货的情况。如图 3-2 所示，根据工程月进度计划制定出材料需求计划（material requirement planning，MRP），并提供给供应商。因此，一个阶段可以假设为一个月。订购数量 Q 送达给供应商，当库存水平 $q_i(k)$ 接近最低库存 s 时，库存将通过供应链的上游供应商得到快速补充。

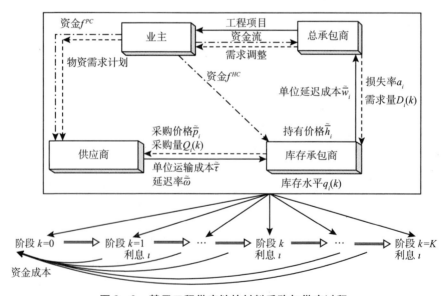

图 3-2 基于工程供应链的材料采购与供应过程

3.2　模　型　设　计

本章设计的采购与库存管理决策优化模型考虑了工程的多方面实际情况，包括预算约束在内的各种资源限制。

3.2.1　符号假设

在这里，考虑有损耗的多种材料采购与库存管理问题。该模型建立在以下 4 个假设的基础上。

（1）不允许短缺，固定需求计划和有限的存储空间。

（2）假定补给时间为常量 L。

（3）如果缺乏钢材，施工进度将受到严重影响，从而造成重大损失，因此，这里假设不允许缺货。

（4）根据以往的研究，采购价格 $\tilde{p}$ 和持有成本 $\tilde{h}_i$ 被认为是模糊随机变量（Xu J and Liu Y，2008）。在进一步的研究中（Xu J et al.，2013；Xu J and Zeng Z，2014），单位运输成本 $\tilde{w}_i$ 和运输成本 $\tilde{\tau}$ 也被认为是模糊随机变量。据此，可以作出一个合理的假设：单位处理回收的收益 $\tilde{o}_i$，单位余料的价格 $\tilde{e}$ 和供应延迟率 $\tilde{\varpi}_i$ 是模糊随机变量。

模型中用的符号如下。

1. 集合

Φ：所有材料的集合，$i \in \Phi$；

Ψ：所有阶段的集合，$k \in \Psi$。

2. 决策变量

$Q_i(k)$：订购量；

$q_i(k)$：k 阶段的库存水平；

n：采购次数。

3. 参数

$\widetilde{\widetilde{p_i}}$：订购价格；

$\widetilde{\widetilde{h_i}}$：库存中转商单位持有成本；

$\widetilde{\widetilde{\tau_i}}$：原料 i 从供应商到库存中转商的运输成本；

$\widetilde{\widetilde{w_i}}$：原料 i 从库存中转商到加工厂之间的配送成本；

$\widetilde{\widetilde{o_i}}$：单位回收处理收益；

$\widetilde{\widetilde{e_i}}$：余料单位价格；

$\widetilde{\widetilde{\varpi_i}}$：供应延迟率；

a_i：损耗率常量，$0 < a_i < 1$；

s_i：原料 i 的最低库存水平；

S_i：原料 i 的最高库存水平；

$D_i(k)$：原料 i 在阶段 k 的物资需求计划量；

$d_i(k)$：原料 i 在阶段 k 的运输量；

$V(k)$：空间容量；

O_i：原料 i 在最初阶段的净库存量；

E_i：原料 i 在工程结束阶段净库存量；

L：提前期；

B：采购预算；

R：折扣率（资金的无风险成本）；

K：工期；

α：预计的学习和技术效应；

G_i：固定采购成本；

G_i'：原料 i 固定库存成本；

h_i'：原料 i 在供应商的单位库存成本。

采用混合精确值转化方式（Xu J et al., 2013；Xu J and Zeng Z, 2014），模糊随机变量 $\widetilde{\widetilde{p_i}}$ 可以转变成精确的值，即 $E^{Me}[\widetilde{\widetilde{p_i}}]$。

$$E^{Me}[\widetilde{\widetilde{p_1}}(\gamma, \sigma)] = \frac{(1-\lambda)}{2}([\widetilde{p}_i]_l + \overline{\underline{p_1}}) + \frac{\lambda}{2}(\overline{\overline{p_1}} + [\widetilde{p}_i]_l) \qquad (3-1)$$

其中，λ 反映出决策者乐观 – 悲观的态度，γ 和 σ 是模糊随机变量任一给定的模糊可能性与随机概率水平（Dubois D and Prade H, 1978；Xu J and Zhou X,

2014）。同理，其他模糊随机变量 $E^{Me}[\widetilde{\widetilde{h}}_1]$、$E^{Me}[\widetilde{\widetilde{w}}_1]$、$E^{Me}[\widetilde{\widetilde{o}}_1]$、$E^{Me}[\widetilde{\widetilde{e}}_1]$ 和 $E^{Me}[\widetilde{\widetilde{\varpi}}_1]$ 都可以运用这种方法转化为精确的值。

3.2.2 供应商优化

在工程供应链中，库存中转商的成本和供应商的成本都应该考虑。首先来讨论库存成本。用 f^{SC} 表示供应商总成本，由固定库存成本、持有成本和运输成本组成。对于供应商而言，G'_i 表示生产准备成本，例如对生产线或机器的安装等产生的成本。总准备成本与订单次数（即 n）存在线性相关关系。因此，供应商总的库存成本为 nG_i。

在生产过程中，供应商还拥有一个固定的库存成本。在某个阶段，供应商的库存量可以看成一个平均数，可以表示成 $\dfrac{Q_i(k)}{2}$。这样，这个阶段的库存成本可以用来表示 $\dfrac{Q_i(k)}{2}h_i$。

此外，在工程供应链供应商和库存系统之间存在一个运输成本，即在阶段 k，$\sum\limits_i E^{Me}[\widetilde{\widetilde{w}}_i]Q_i(k)$。

第一个目标是使供应商库存成本最小化（即 f^{SC}）。这个目标可以用数学公式表示为：

$$\min f^{SC} = \sum\sum nG'_i + \frac{Q_i(k)}{2}h'_i + E^{Me}[\widetilde{\widetilde{w}}_i]Q_i(k) \tag{3-2}$$

3.2.3 库存商目标

对于库存承包商，该模型的设计是为了权衡三个规划目标，即最大限度地减少施工成本、提高材料利用率以及减少供应延迟造成的影响。下面几个小节描述了工程供应链采购与库存决策成本的具体构成以及采购与库存决策对其产生的影响。

1. 经济成本

从经济的维度考虑，经济成本不仅包括采购成本，还包括库存成本。

（1）资金采购成本。这里讨论的工程项目中，材料由业主负责采购和支付。由于工程项目通常持续几个月甚至几年，因此成本中需要考虑采购与库存占用的资金成本。与资金成本有关的因素有很多，例如业主支付给承包商时需要考虑的时间成本（Magad E and Amos J，1962；Pooler V and Pooler D，1997；Neale，J et al.，2006；Jung D et al.，2007）。相关文献讨论过如何计算短期合作的供应商采购成本的现值（Li S et al.，2009）。这里讨论的材料采购与库存问题并非供应商选择问题，即假定事先经过招投标已选出一个供应商，因此每个阶段不需要考虑寻找和选择供应商产生的成本。然而每次采购前会产生检查、核对、授权、沟通、实施等多个活动，随之会产生相关的费用，这些费用被称为采购的固定成本，用 G 表示。则整个供应时间阶段 k 上采购成本的现值可以表示为：

$$\sum_k \sum_i (1+R)^{1-k} (E^{Me}[\widetilde{p_i}]Q_i(k) + G) \qquad (3-3)$$

这个表达式关注评估和优化采购决策对资金成本的影响。

资金成本还需要考虑其他几个因素。第一个因素是承包商的沉没成本，源于库存材料占用了资金而浪费了其他投资收益的机会。第二个因素是如果这部分采购与库存占用的资金是由承包商抵押贷款获得，则其必须支付一定的利息（Said H and El-Rayes K，2011）。以文献（Polat G et al.，2007）为基础，并且结合上面的分析，改进后的资金成本可以表示如下：

$$\sum_k \sum_i (Q_i(k) - D_i(k)) \times E^{Me}[\widetilde{p_i}] \times \iota \qquad (3-4)$$

上述资金成本计算出的是一种累积资金成本，利用事先给定的阶段利率计算，包括每个阶段库存成本支付的利息 k。

因此，第一个优化目标是包括资金成本在内的总采购成本最低，可以按式（3-5）计算：

$$f^{PC} = \sum_k \sum_i (1+R)^{1-k} (E^{Me}[\widetilde{p_1}]Q_i(k) + G) + (Q_i(k) - D_i(k)) \times E^{Me}[\widetilde{p_1}] \times \iota$$
$$(3-5)$$

（2）库存成本。在工程供应链中，库存成本由持有成本和交付成本组成。对于持有成本，假定库存水平在一个阶段维持在一个平均水平，生产速度是一个特定值。因此，一个阶段 k 的库存可以表示为 $\dfrac{q_i(k) + q_i(k+1)}{2}$。项目的持有成本取决于当前存储的数量，因此可以表述为：

$$\sum_i \sum_k \frac{q_i(k) + q_i(k+1)}{2} E^{Me}[\widetilde{\overline{h}}_i]\qquad(3-6)$$

交付成本与交货价格（即 $E^{Me}[\widetilde{\overline{\tau}}_i]$）有关，根据相关研究，配送量可以表示为 $\min\{D_i(k)\} - \min\{q_i(k), 0\}$，$\max\{q_i(k), 0\} + Q_i(k)$（Xu et al., 2013）。若考虑材料的损耗，在后期的供给中需要补充这部分损失，即 $a_i D_i(k)$。因此，实际工程项目中的交付量可以做适当调整后表示如下：

$$d_i(k) = \min\{(1+a_i)D_i(k)\} - \min\{q_i(k), 0\}, \ \max\{q_i(k), 0\} + Q_i(k)\qquad(3-7)$$

如果钢材短缺，施工进度会受到严重影响，从而造成巨大损失，因此根据原始 MRP，这里假设不允许出现短缺。

在此 MRP 可调整的情况下，存在钢材的额外需求，即存在 MRP 可调整量 $a_i D_i(k)$，其中 a_i 是平均损失率常量。因此，可以据此计算实际的需求量。若无法满足实际调整后的订单 $(1+a_i)D_i(k)$，则会出现缺货情况。以上情形可以表示为：在服务水平 z 时，若

$$q_i(k-1) + Q_i(k) \geqslant (1+a_i)D_i(k)\qquad(3-8)$$

则调整后的订单可以被满足，不存在缺货。否则，在服务水平 $1-z$ 时，若

$$q_i(k-1) + Q_i(k) \leqslant (1+a_i)D_i(k)\qquad(3-9)$$

则调整后的订单不能被满足，则产生缺货情况。假定单位惩罚成本为 μ，则缺货成本的期望值为：

$$(1-z)\mu_i[(1+a_i)D_i(k) - q_i(k-1) - Q_i(k)]\qquad(3-10)$$

因此，总库存成本可以用以下方程阐述：

$$f^{IC} = \sum_i \sum_k \frac{q_i(k) + q_i(k+1)}{2} E^{Me}[\widetilde{\overline{h}}_i] + E^{Me}[\widetilde{\overline{\tau}}_i]d_i(k)$$
$$+ (1-z)\mu_i[(1+a_i)D_i(k) - q_i(k-1)Q_i(k)]\qquad(3-11)$$

有了这些考虑，可以计算出材料处理的经济效益：

$$f^{DR} = \sum \sum a_i D_i(k) E^{Me}[\widetilde{\overline{e}}_i] + q_i(K)E^{Me}[\widetilde{\overline{o}}_i]\qquad(3-12)$$

在施工项目管理中，库存系统必须满足施工需要同时最大限度地降低仓储成本。根据上述讨论，基于工程供应链的经济成本可以表述为：

$$\min f^{EC} = f^{PC} + f^{IC} - f^{DR}\qquad(3-13)$$

2. 延迟数量

由于材料延期交付造成的损失，也需要作为成本考虑（Said H and El-Rayes K, 2011）。根据历史统计数据和供应商的信誉记录，可以估计出供应延迟率，即 $E^{Me}[\tilde{\tilde{\varpi}}_i]$。降低延迟率是决策者需要优化的管理目标，这里作为第二个目标进行如下优化：

$$\min f^{DQ} = \sum_i \sum_k E^{Me}[\tilde{\tilde{\varpi}}_i] Q_i(k) \tag{3-14}$$

3.2.4 库存水平

以下状态方程可以解释不同阶段库存水平的变化：

$$q_i(k) = q_i(k-1) + Q_i(k) - d_i(k) \tag{3-15}$$

其中，$q_i(k) > 0$。

3.2.5 资源约束

此外，该模型包括一些实际环境资源的软约束，用来描述工程供应链中的库存条件。满足约束条件的解决方案才能进入优化目标。

1. 预算约束

式（3-16）中所示的预算约束限制了可以用以购买材料的资金总数量（Castro-Lacouture D et al., 2009）。

$$\sum_i E^{Me}[\tilde{\tilde{p}}_i] D_i(k) Q_i(k) \leqslant B \tag{3-16}$$

2. 库容限制

一般来说，建设工程按项目区分，库存承包商实际上是每一个独立项目的库存管理部门。由于每一个阶段施工现场空间是非常有限的，并且随工期的进行而逐渐变化，因此有必要考虑下面的库存空间容量的约束。式（3-17）表示持续施工现场的库存容量（Castro-Lacouture D et al., 2009）：

$$\sum_i q_i \leqslant V(k) \tag{3-17}$$

3. 采购限制

通常，采购量限制在 q_i 之内，根据材料种类的不同而有差异：

$$Q_i^{\min} \leqslant Q_i(k) \leqslant Q_i^{\max} \tag{3-18}$$

4. 库存限制

(s, S) 库存策略要求每个阶段的库存水平维持在一定范围内（Fu M, 1994）。式（3-19）中的一系列限制条件允许决策者对施工现场的每一种材料设定下限区间和上限区间，可以表示为：

$$s_i \leqslant q_i(k) \leqslant S_i \tag{3-19}$$

3.2.6　初始状态和终止状态

为了不失一般性，假定初始库存是最低目标库存 s，即表示为：

$$q_i(0) = O_i \tag{3-20}$$

工期结束时，库存水平为：

$$q_i(K) = E_i \tag{3-21}$$

3.2.7　模型构建

基于上述讨论，制定了基于工程供应链的多材料项目采购和库存规划优化模型。在有限的资源约束下降低预期成本、减少延迟，提出优化解决方案。资源约束包括预算约束、库容限制、采购量限制等。用这个模型做决策时，决策者需要根据每个阶段供应链上供需信息的变化对库存水平进行调整。每个阶段的决策都会影响和制约下一阶段的决策。因此，决策者可以根据这个模型控制整个决策阶段的采购与供应决策。基于工程供应链的环境，决策模型顾全了供应链上多个参与者，使经济目标和供应效率都得到了优化。

$$\text{s. t.}\begin{cases}\begin{aligned}&\min f^{SC} = \sum\sum nG_i' + \frac{Q_i(k)}{2}h_i' + E^{Me}[\,\widetilde{\widetilde{w_i}}\,]Q_i(k)\\[4pt]&\min f^{EC} = f^{PC} + f^{IC} - f^{DR}\\[4pt]&\min f^{DQ} = \sum_i\sum_k E^{Me}[\,\widetilde{\widetilde{\varpi_\iota}}\,]Q_i(k)\\[6pt]&\begin{cases}f^{PC} = \sum_k\sum_i (1+R)^{1-k}(E^{Me}[\,\widetilde{\widetilde{p_\iota}}\,]Q_i(k) + G)\\[4pt]\qquad + (Q_i(k) - D_i(k))\times E^{Me}[\,\widetilde{\widetilde{p_\iota}}\,]\times\iota\\[4pt]f^{IC} = \sum_i\sum_k \frac{q_i(k) + q_i(k+1)}{2}E^{Me}[\,\widetilde{\widetilde{h_\iota}}\,] + E^{Me}[\,\widetilde{\widetilde{\tau_\iota}}\,]d_i(k)\\[4pt]\qquad + (1-z)\mu_i[(1+a_i)D_i(k) - q_i(k-1) - Q_i(k)]\\[4pt]d_i(k) = \min\{(1+a_i)D_i(k)\} - \min\{q_i(k),0\},\ \max\{q_i(k),0\} + Q_i(k)\\[4pt]f^{DR} = \sum\sum a_iD_i(k)E^{Me}[\,\widetilde{\widetilde{e_\iota}}\,] + q_i(K)E^{Me}[\,\widetilde{\widetilde{o_\iota}}\,]\\[4pt]q_i(k) = q_i(k-1) + Q_i(k) - d_i(k)\\[4pt]\sum_i E^{Me}[\,\widetilde{\widetilde{p_\iota}}\,]D_i(k)Q_i(k)\le B\\[4pt]\sum_i q_i\le V(k)\\[4pt]s_i\le q_i(k)\le S_i\\[4pt]q_i(0) = O_i\\[4pt]q_i(K) = E_i\\[4pt]Q_i^{\min}\le Q_i(k)\le Q_i^{\max}\\[4pt]q_i(k) > 0\end{cases}\end{aligned}\end{cases}$$

$$(3-22)$$

3.3 算法设计

本节提出了一个新的混合式算法，基于动态规划的模拟退火多目标粒子群算法（simulated annealing partical swarm optimization，SA-PSO），用来求解多阶段采购与供应问题，如图 3 - 3 所示。它还采用了模拟退火思想的基本原理，即通过接受概率测试，接受或拒绝新的解决方案。随着搜索过程中温度的降低，接受非改善的解决方案的概率逐渐降低。通过植入模拟退火算法，提高粒子群算法的局部搜索能力和精度。

下面两点是该算法的主要创新点。

（1）文章提出的基于动态规划的模拟退火多目标粒子群可以通过式（3 - 15）改善解的表示方法。在算法中，每个粒子有两个维度，一个维度表示阶段 k，另一个维度表示材料的种类 i。对于基于工程供应链的库存与采购问题来说，问题的关键变量包括两个，一个是决策变量 $Q_i(t)$，另一个是状态变量 $q_i(t)$。一旦确定决策变量 $Q_i(t)$，则可以通过状态转移方程式（3 - 15）得出状态变量 $q_i(t)$。因此，在为基于工程供应链的库存与采购模型（3 - 22）开发迭代求解算法时，这种基于动态规划思想的解的表示方法可以降低求解维度，从而减少计算复杂度，提高计算速度。

（2）为了使算法更适合求解多阶段复杂模型，避免产生不可行解，这里对算法进行三次检测：初始化检测、模拟退火邻近域搜索检测、粒子更新位置产生新解时检测，见图 3 - 3。

（3）为了减少测量不同目标的难度和避免确定权重的过程中主观偏好的影响，采用 F 适应值排序矩阵作为基于动态规划的模拟退火多目标粒子群算法中多目标的处理方式（Goldberg，D，1989）。适应值计算方式如下：

$$F_i(X_j) = \begin{cases} [N - Y_i(X_j)]^2, & Y_i(X_j) > 1 \\ kN^2, & Y_i(X_j) = 1 \end{cases} \quad i = 1, 2, \cdots, n \quad (3-23)$$

$$F(X_j) = \sum_{i=1}^{n} F_i(X_j), \ j = 1, 2, \cdots, n \quad (3-24)$$

式中，n 是目标值的数量，N 是粒子的个数，Y_i 是粒子 X_j 的排序名次，$F_i(X_j)$ 是 X_j 在目标 i 中的适应值，$F(X_j)$ 是所有目标的总适应值，$k \in (1, 2)$，k 是强调每个目标中最优解的因子。

如图 3 - 4 所示，基于动态规划的模拟退火多目标粒子群算法通过式（3 - 15）可以动态地控制库存中转商不同阶段的库存水平。将 SA-PSO 应用于求解基于工程供应链采购与库存多目标多阶段模型的具体计算步骤如下。

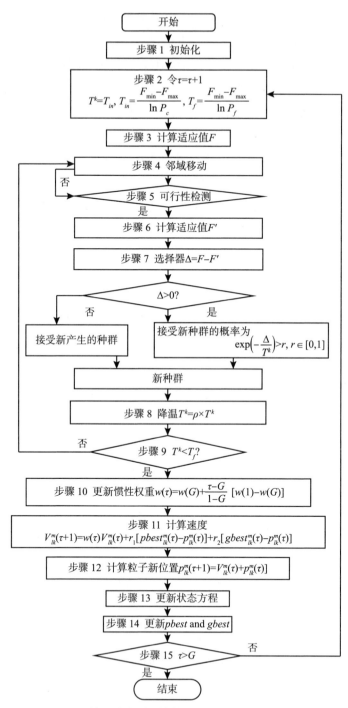

图3-3 基于动态规划的模拟退火多目标粒子群算法

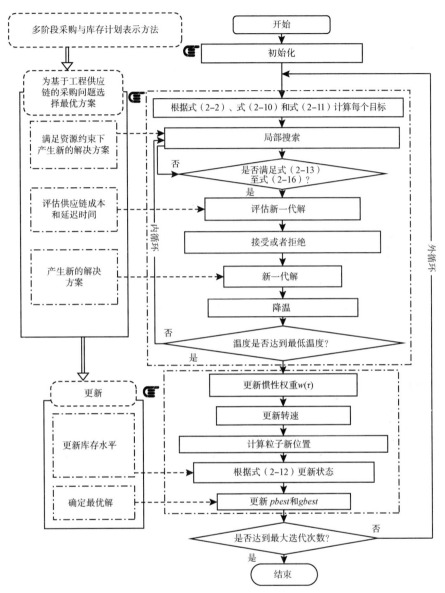

图 3 – 4 应用 SA – PSO 求解工程供应链采购与库存多目标多阶段模型

1. 初始化

运行模型前，先初始化参数值。根据目前的状态，决策者为后续工程活动制订采购与库存计划。用这种方式，决策者可以利用基于工程供应链的库存与采购模型为任意阶段的任意子项目作出决策。初始化的阶段包括产生种群规模、最大迭代次数、每个粒子最初的位置和速度，初始温度、初始接受概率和冷却率等参数（Bennage W and Dhingra A，1995）。

2. 选择最优解

为了达到优化目标，需控制供应商和库存中转商库存成本，见式（3 - 2）和式（3 - 13），需降低延迟量，见式（3 - 14），需要综合考虑各个目标，将其整合转化为计算适应值。为了降低整合多目标的难度，避免选择各目标权重时主观偏好的影响，这里采用了矩阵式适应值 F 计算方式来综合权衡多个目标（Goldberg D，1989）。

步骤 1　计算新种群的目标函数，计算新的适应值 F（Goldberg D，1989），选择最优解。

步骤 2　搜索邻近域。随机选择新的位置进行移动，同时更新解。

步骤 3　假设邻近域的解可行，进入步骤 6，否则返回至步骤 4。

步骤 4　计算邻近域中解的目标函数，并根据式（3 - 23）和式（3 - 24）计算期望值 F'。

步骤 5　$\Delta = F - F'$，若 $\Delta > 0$，以概率 $\exp\left(-\dfrac{\Delta}{T}\right) > r$ 接受新种群；否则 $\Delta < 0$，按下面公式接受新种群：

$$P(\Delta) = \exp\left(-\frac{\Delta}{K_b T}\right)$$

K_b 是波尔茨曼常量（Boltzman's constant）（Kirkpatrick S et al.，1983）。

步骤 6　以 $T = \rho T$ 降低温度。

步骤 7　如果 $T < T_f$，进入步骤 8；否则，返回至步骤 2。

3. 更新

首先，用更新后的速度和惯性权重（Shi Y and Eberhart R，1998）计算粒子更新后的位置，从而得到更新后的采购策略 $Q_i(k)$，再利用式（3 - 2）和式（3 - 13）计算成本 f^{SC} 和 f^{EC}，利用式（3 - 14）计算延迟量 f^{DQ}。其次，根据阶段 k 的决策变量 $Q_i(k)$ 和状态 $q_i(k)$，算法利用模型中的动态转移方程，即式（3 - 15），更新下一阶段的状态变量 $q_i(k + 1)$。最后再根据适应值更新局部最优解和全局最优解（Shi Y and Eberhart R，1998）。

在外部循环完成后，该算法提取出全局最优解，并为基于工程供应链的库存与采购问题模型输出供应商和库存承包商最低成本和延迟量。

3.4 案例模拟

3.4.1 案例分析

以下采用我国大型水利水电站 T 作为模拟案例，如图 3-5 所示，该案例中河道截流、引水渠等前期工程已完成。在距离大坝 1.4 千米左侧河堤上有一个火车站，在河道两侧都有高速公路，方便材料运送。在这种交通条件下，水电站与外界的物流交通非常方便。

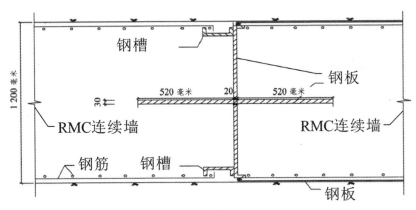

图 3-5 T 水电站引水工程

T 水电站工程属于二级大型建设工程，蓄水坝由两侧构成，包括河床式厂房和溢流结构。

不同的水电站工程建设需要不同种类的材料。例如，用于引流渠道整体加固的网格混凝土连续墙需要 C25 混凝土、I 级钢筋和固体泥。

钢材料的储存地点距离建设工程 2 千米，仓库室内面积有 10 000 平方米，开阔棚廊的面积为 1 200 平方米，室内储备库的面积为 4 000 平方米，一个化工用品仓库和一个冰箱。为了运输材料，工程项目配备有数辆车，如起重机（规格为 50 吨、40 吨和 8 吨）、拖车（规格为 100 吨和 25 吨）、叉车（规格为 5 吨和 10 吨）和卡车（规格为 8 吨）。

本章只研究该工程的一个子项目，即引流工程的材料采购与库存计划。引流工程建设工期预计为一年。除去 4 个月的汛期和另外 4 个月的灌浆期，围堰的工期为 4 个月。因此，这里分为 4 个阶段进行决策。

格板墙是引流工程的基础，其施工需要采购钢材等原材料。为了便于运用之前构造的多阶段决策模型，这里忽略了仓库内部布局以及内部运输相关的影响及费用，采用经过调研与加工处理过的数值进行模型适用性模拟。

每个阶段对物料供应商事先通知，给出预先设计的需求 $D_i(t)$。包含 $D_i(t)$ 在内的其他项目相关的信息见表 3 - 1。例如，河流改道工程开始于前一个项目工期，即三个连接点和一个水平，以此确保工程的水电供应、道路畅通以及地面平整等。因此，这个项目刚开始没有准备库存，即 $q_i(0)$ 只用之前准备工作的余料多少表示。不确定的数据，即模糊随机变量（采购价格 $\widetilde{\bar{p}}_t$，持有成本成 $\widetilde{\bar{h}}_t$，供应延迟率 $\widetilde{\bar{\sigma}}_i$ 和运输成本 $\widetilde{\bar{w}}_i$）的信息可见表 3 - 2。这里利用一个混合精确值转化方法将模糊随机参数转化成等价的梯形模糊变量，再用一种期望值算子对这个模糊变量去模糊化，将其转化为具有确定值的数据，见表 3 - 3。γ 和 σ 分别是模糊变量的可能性水平、随机变量的概率性水平。

表 3 - 1   T 水电站建设工程采购与库存优化模型钢材相关数据

钢材种类		钢筋	钢管	钢板
$O_i(t)$		362	268	273
$E_i(t)$		350	137	82
$Q^{min}(t)$		100	0	200
Q^{max}		600	200	1 000
a_i		0.199%	0.277%	7.1%
$D_i(k)(t)$	$k=1$	500	100	900
	$k=2$	500	100	900
	$k=3$	510	120	900
	$k=4$	500	130	900

表 3 - 2   模糊随机变量的数据信息

变量	钢筋	
$\widetilde{\overline{p}}_i$	$(3\ 270,\ \varphi(\omega),\ 3\ 650)$	$\varphi(\omega) \sim N(3\ 438,\ 5.16)$
$\widetilde{\overline{h}}_i$	$(276,\ \varphi(\omega),\ 283)$	$\varphi(\omega) \sim N(280,\ 0.42)$
$\widetilde{\overline{w}}_i$	$(120,\ \varphi(\omega),\ 230)$	$\varphi(\omega) \sim N(180,\ 2.12)$
$\widetilde{\overline{\tau}}_i$	$(23,\ \varphi(\omega),\ 28)$	$\varphi(\omega) \sim N(25,\ 0.37)$
$\widetilde{\overline{o}}_i$	$(2\ 760,\ \varphi(\omega),\ 2\ 990)$	$\varphi(\omega) \sim N(2\ 820,\ 2.64)$
$\widetilde{\overline{e}}_i$	$(2\ 220,\ \varphi(\omega),\ 2\ 300)$	$\varphi(\omega) \sim N(2\ 240,\ 9.12)$
$\widetilde{\overline{\varpi}}_i$	$(0.13,\ \varphi(\omega),\ 0.16)$	$\varphi(\omega) \sim N(0.14,\ 0.33)$
变量	钢管	
$\widetilde{\overline{p}}_i$	$(15\ 800,\ \varphi(\omega),\ 19\ 600)$	$\varphi(\omega) \sim N(16\ 600,\ 9.96)$
$\widetilde{\overline{h}}_i$	$(245,\ \varphi(\omega),\ 249)$	$\varphi(\omega) \sim N(247,\ 0.38)$
$\widetilde{\overline{w}}_i$	$(128,\ \varphi(\omega),\ 134)$	$\varphi(\omega) \sim N(131,\ 1.17)$
$\widetilde{\overline{\tau}}_i$	$(37,\ \varphi(\omega),\ 45)$	$\varphi(\omega) \sim N(42,\ 3.29)$
$\widetilde{\overline{o}}_i$	$(14\ 300,\ \varphi(\omega),\ 15\ 200)$	$\varphi(\omega) \sim N(143\ 500,\ 12.98)$
$\widetilde{\overline{e}}_i$	$(2\ 280,\ \varphi(\omega),\ 2\ 320)$	$\varphi(\omega) \sim N(2\ 295,\ 7.59)$
$\widetilde{\overline{\varpi}}_i$	$(0.10,\ \varphi(\omega),\ 0.12)$	$\varphi(\omega) \sim N(0.11,\ 0.04)$
变量	钢板	
$\widetilde{\overline{p}}_i$	$(3\ 760,\ \varphi(\omega),\ 4\ 200)$	$\varphi(\omega) \sim N(3\ 990,\ 16.42)$
$\widetilde{\overline{h}}_i$	$(258,\ \varphi(\omega),\ 266)$	$\varphi(\omega) \sim N(261,\ 4.14)$
$\widetilde{\overline{w}}_i$	$(137,\ \varphi(\omega),\ 189)$	$\varphi(\omega) \sim N(164,\ 5.79)$
$\widetilde{\overline{\tau}}_i$	$(56,\ \varphi(\omega),\ 62)$	$\varphi(\omega) \sim N(58,\ 1.83)$
$\widetilde{\overline{o}}_i$	$(3\ 328,\ \varphi(\omega),\ 3\ 435)$	$\varphi(\omega) \sim N(3\ 371,\ 6.87)$
$\widetilde{\overline{e}}_i$	$(2\ 237,\ \varphi(\omega),\ 2\ 289)$	$\varphi(\omega) \sim N(2\ 264,\ 5.71)$
$\widetilde{\overline{\varpi}}_i$	$(0.14,\ \varphi(\omega),\ 0.16)$	$\varphi(\omega) \sim N(0.15,\ 0.26)$

表 3 - 3   T 水电站建设工程采购与库存优化结果

目标		值（元）	参照数据（元）	净减少量（元）	净减少比率（%）
资金采购成本	f^{FPC}	28 509 693.59	32 720 097.87	4 210 404.284	12.87
持有成本	f^{HC}	857 625	881 375	23 750	2.69
运输成本	f^{TC}	1 133 871.857	1 484 299.041	350 427.1835	23.61

目标		值（元）	参照数据（元）	净减少量（元）	净减少比率（%）
回收收益	f^{DR}	3 783 438.83	3 909 743.93	126 305.1	3.23
总经济成本	f^{EC}	27 707 528.81	31 176 027.98	3 468 499.17	11.13
延迟量	f^{DQ}	867.5	1 022.5	155	15.16

3.4.2　计算结果

这一节的目标是利用模拟退火多目标粒子群算法解决基于工程供应链的材料集中化采购与库存问题，并提出优化决策。一个多阶段的采购决策方案可以最大限度地减少经济成本和延迟量。

根据乐观－悲观系数 $\lambda = 0.5$，可能性水平 $\sigma = 0.2$ 和概率性水平 $\gamma = 0.8$，对模拟退火多目标粒子群算法运行 30 次，选择解中的最好值，总的适应值结果为 14 659。经济成本的计算结果为 27 707 528.81 元，所有阶段总的延迟量为 867.5 吨。最好的计算结果见表 3 - 4。详细的可投入运营的采购计划可见图 3 - 6。

表 3 - 4　　　　　　　　运行 30 次的计算结果

目标	最优值 （元）	最差值 （元）	平均值 （元）	方差	收敛代数	计算时间 （秒）
f	14 659	15 787	30 446	0.037	56	762
f^{EC}	27 707 528.81	29 342 012.95	28 524 770.88	0.057	—	—

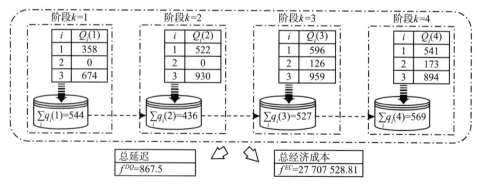

图 3 - 6　T 水电站引水工程多阶段采购与库存优化方案

该计算结果在大型水电站建设项目中有良好的表现。从表 3 - 4 可知,利用基于工程供应链多阶段材料采购与供应优化模型和基于动态的模拟退火粒子群算法可以为工程项目节省 3 468 499.17 元人民币。换句话说,与参考运营数据相比,这个优化结果可以降低 11.13% 的成本,可以在整个项目中减少 155 吨的延迟量,也就是有效地控制 15.16% 的延迟。

与以前类似的大型水利水电工程相比,不仅总的成本可以减少 8%,还可以保证材料的准时交货。通过图 3 - 6 可知,利用基于工程供应链的采购与库存多阶段优化模型,可以为 T 水电工程每一个阶段制订采购计划。优化模型的实用性和有效性,以及算法的效率可以在后期通过行业研究报告得出。

可以通过控制供应商、承包商和业主之间的信息流、物资流和资金流的交互网络实施基于工程供应链的多阶段采购与库存优化模型,在有限的工期内满足成本和供应效果的要求。在这里,信息流包括材料需求、库存信息和工作的进展情况等,资本流动是指关键的规则和付款计划。

本案例的研究可以扩展到其他大型工程建设项目。当应用基于工程供应链的采购与库存多阶段多目标决策模型时,项目经理需要根据项目特殊的情况收集并调整相应的信息数据。

3.5 本 章 小 结

本章采用的基于工程供应链的多阶段多目标材料采购与供应的决策优化模型更接近工程实际,不仅因为不确定的工程供应链环境,也因为决策过程中综合考虑了采购、库存与财务多方面的内容,对采购与库存进行集成式管理以平衡不同部门之间的利益。成本和调度可以在有限的资源条件下得到控制。基于动态规划和模拟退火的多目标粒子群算法的一个创新点是同时将动态规划的思想和模拟退火接受准则植入粒子群算法中,改进了算法的计算效率。

此外,本章将基于工程供应链的多阶段多目标材料采购与供应的决策优化模型及算法应用到一个实际工程案例,通过结果分析讨论,为工程项目管理提出一些决策参考。同时,为后续的研究机会提供了一些扩展,例如在基于工程供应链的材料采购与供应框架下可以进一步讨论有价格折扣的采购问题、允许缺货情况下的库存问题等。

第4章
采购与生产集成管理多级决策

　　工程供应链中采购和生产计划的优化决策问题是工程供应链运营管理的基本问题。通常处理采购或生产计划问题时都是进行单独的分析和研究，并没有从工程供应链全局把工程项目中的多个参与者看成一个整体进行决策优化。因此，这种优化只能使工程供应链上的一方而非多方参与者受益。在工程供应链管理的实践研究领域，对外部资源的集成管理逐渐成为研究的趋势（Simatupang T and Sridharan R，2016；Lin X et al.，2017）。集成管理需要工程供应链参与者更多地进行合作，包括供应商整合、分包商整合、设计单位整合和业主整合。学者们提出了利用合作、信息共享、流程和减少资源浪费的管理框架实现供应链管理应用的外部集成（Lin X and Ho C et al.，2017）。通过工程供应链集成管理，可以提高资源整合能力，提高施工规划和开发的生产率，降低供应链参与者之间不合规的风险。

　　在20世纪90年代晚期，学者们开始注意到生产运营管理仅仅是一个功能性领域，若要获得成功，必须和其他诸如市场、金融、工程等功能性领域进行交互探讨。越来越多的研究关注多维度运营的集成管理问题。例如对供应链中生产与物流规划问题的数学模型做了研究综述（Mula J and Peidro D，2010），希顿和马丁等人（2022）为解决建筑材料集成供应链复杂性难题提供了一种实用性的解决方案。

　　在研究方法上，许多学者尝试采用数学规划模型解决供应与生产集成运营管理问题（Liu Q et al.，2017）。随着多领域跨学科研究逐渐成为研究的热点方向，对采购或生产等单个问题的研究也转向将采购与生产综合起来进行研究。例如，有学者在并行战略和供应链规划应用中提出了一个集成的多目标供应链模型（Sabri E and Beamon B，2000），有学者对天然气供应链的采购与路径规划做了集成管理（Chiang W and Russell R，2004），有学者对三阶段供应链构建了一个可持续性的库存—生产—配送集成规划方案（Lejeune M，2006）。瑞兹郝思尼和努里等人（A. RezaHoseini and S. Noori et al.，2021）采用双目标规划数学模型研究了不确定环境下绿色工程供应链供应商选择与多项目活动集成调度问题。然而，针对工程领域采购与生产集成管理问题的研究处于初期阶段，关注工程供应链环境的量化分析模型非常有限（O'Brien W et al.，2002）。对工程供应链集成管理的研究将进一步丰富工程领域及供应链领域的研究内容和方法。另外，当解决采购与生产规划集成管理问题时，决策者通常面临时时波动的要求，诸如材料价格、产品组合、设备故障、工作延误和其他工程项目的不确定性。研究者通过控制工程供应链的时间不确定性改进了工程项目管理（Yeo K and Ning J，2006）。同时，有另外一种类型的不确定性与决策者自身的感知和偏好有关。因此，对工程供应链的管理需要研究这种不确定性以及对工程供应链运营优化产生的影响。故本章对不确定环境下的工程供应链采购和生产计划集成管理决策优化问题进行研究，旨在降低运营成本，提高工程项目管理效率。

本章先描述了工程供应链背景下采购和生产计划流程的独特环境。接下来，构建了一个多目标多阶段采购和生产规划综合集成优化模型，并将其应用到我国某大型水电工程项目进行案例模拟。结果表明，高效的集成运行管理是提升整个工程供应链绩效的关键。这一章提出的综合优化方法可以减少业主和制造商的成本，同时可以显著提高制造商的服务水平。

优化结果也可以说明在工程供应链项目集成管理中考虑不确定的紧急订单和延迟时间对评价工程供应链的性能至关重要。采用这一章所提出的优化方法，工程管理者可以快速响应不断变化的不确定需求。因此，这一章的研究工作对决策者提出的建议是基于工程供应链的集成管理可以大大提高工程供应链管理水平，项目管理者应该从整个工程供应链的角度协调供应链上各方的利益，促进相互合作。

4.1 问 题 描 述

本章关注集成的多阶段多种类采购与生产集成管理问题，同时考虑到工程供应链中的多种不确定性因素，如需求、供给和工作延迟。为适应不确定性，协调工程供应链上不同的合作伙伴成本和效率之间的管理冲突，将运营层面的子模型进行集成并提供解决方案。

4.1.1 集成管理

供应链合理整合有助于提升供应链组织绩效（Kim S，2009）。它使企业能够简化信息和数据交换，从而进一步改善整个供应链的物流（Wiengarten F et al.，2015）。与项目管理不同，工程供应链中不同合作伙伴的关系往往趋于合作和分享，他们通常是一个运营风险共担的整体。显著的差异是工程供应链的参与者利用实时通信技术协调各自的生产运营系统。他们倾向于分享信息、降低运作风险以及提高工程供应链的整体效率。因此，工程供应链采购过程的主要问题是如何降低每一部分的成本，确保整体供应效率。

在建筑工程中，有多种预制产品，如木材、金属、混凝土等。虽然这些预制产品具有独特的加工顺序，但它们的供应链有着相同的结构。图 4 - 1 显示了预制件产品的供应链结构。这里为简化物理模型把工程项目中的设计方作为业主的一部分，考虑集中一体化供应链，以工程供应链为整体做决策优化对象，将业主、承包商看作一个决策者。在运营层面，决策者系统性地制定优化的采购数量和预加工生产的数量。

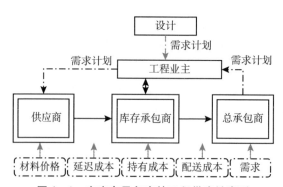

图 4 - 1 有库存承包商的工程供应链类型

在一般情况下，工程供应链的运作过程如下：库存中心及时向业主反馈原材料的库存水平；业主向供应商采购物资；库存中心收到物资后将其存储并产生保管费用；随后，材料运送至预制件加工厂进行加工制造；施工承包商对预制件加工厂提出预制件产品需求。如果库存中有预制件产品,预制件加工厂则可以及时将其配送至施工承包商,否则,按缺货并延迟补充库存处理。建设项目业主和预制件加工承包商对过量的库存承担额外的成本,由于缺货而未能满足的需求将产生额外的费用。

因此,本章旨在优化工程供应链运作问题,包括从原材料到预制件产品的运作过程。研究的目标是找到一个最优的材料采购计划,以及优化预制生产计划和库存策略,从而削减整个施工项目的成本、改进服务效率。

4.1.2 不确定性

实际工程中的工程供应链运作问题涉及多个复杂的不确定性,如图 4-2 所示。这些不确定因素存在于供应链活动和多个合作伙伴中,可能会增加决策结果的波动,且数据可能并不绝对可靠。

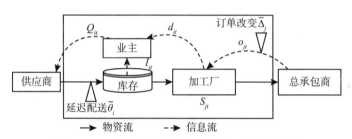

图 4-2 工程供应链受到的干扰和不确定性因素

事实上,采购问题有两种类型的不确定性:一个是内部的,如决策者的感知、经验或纠纷等,这种不确定是主观的;另一个是由外部力量引起的,如需求层次的不确定性,材料价格,产品结构,设备故障,可变任务时间,以及排队延误等,这种不确定性是客观的。在这两种不确定的情况下,随机性可以处理客观信息的不确定性,模糊性可以处理主观信息的不确定性。

当前工程采购问题的不确定性研究主要集中在随机不确定性上。例如,安智宇和刘妍(2013)研究了大型工程施工过程各阶段物资需求随机不确定的问题,构建立了以采购方价格制定为主导、以供应商预置产能为跟随的动态博弈模型。尽管随机技术是处理供应链不确定性十分有用的工具,但工程供应链运作集成管理问题中仍然有许多非概率因素需要考虑。例如,有些参数是通过专家判断估计出来的,因此他们有高度的不精确性。实际上,模糊性和随机性,甚至是双重的不确定性都应该在决策过程中加以分析和处理。模糊方法是处理这种主观不确定性的有效方法，已在一些供应链研究中得到应用（Zarandi F et al.，2002；Chen S and Chang P，2006；Fung R，2003）。因此，模糊理论同样适用于工程供应链管理。

除了工程师的经验，历史数据也可以作为收集数据的一种方法，但这种统计方法也存在随机不确定性。在工程供应链运作集成管理中，利用工程师经验和统计数据充分搜集数据，并同时处理其中的随机不确定和模糊不确定时，模糊随机方法是一个很好的选择。

在实际的大型工程供应链中，材料需求计划通常在发生建设活动过程之前，由于缺乏统计数据，参数的数据可能是未知的或只是部分已知。因此，管理者只能用不精确的语言词汇描述或定义这些参数。例如，因为不确定性的交货难度和不同的包装方式，延迟时间可能会有所不同。因此，延迟时间可能是"短期""中期"或"长期"的水平，每个水平分别符合一定的概率分布。"短期的概率是0.35""短期的意思是供应延迟在1天和3天之间，其中最高的可能性大约是2天"。然而如何准确地描述"短期""中期"或"长期"，"左右"和"可能性"则具有一定的困难。因此，延迟时间 $\tilde{\vartheta}_i$、紧急订单 $\tilde{\Delta}_i$ 在这里可以合理地认为是模糊随机系数。

4.2　模　型　构　建

为了求解上述不确定环境下工程供应链集成管理问题，下面根据问题的具体特点建立相应的多阶段决策模型。

4.2.1　假设条件

（1）根据问题陈述，这是一个多产品问题。例如，在建设项目中需要数多种不同的钢材。这里用 j 来表示产品编号。

（2）工程供应链的参与者按周提供状态数据。工程供应链短期运营调度计划通常是按月分成一系列连续的时间阶段进行。例如，规划范围有 T 周，一个阶段 t 为一周（$t=1，2，\cdots$）。假设一个阶段 t 比材料的提前期时间长，库存策略为固定周期的库存策略。

4.2.2 符号表示

1. 下标

t：阶段编号；$t = 0, 1, 2, \cdots, T$；

i：材料编号；

j：产品编号。

2. 决策变量

Q_{it}：阶段 t 材料 i 的采购量；

X_{jt}：阶段 t 材料 j 的生产量。

3. 状态变量

V_{it}：库存中心物料 i 的库存水平；

S_{jt}：加工厂产品 j 的库存水平。

4. 相关参数

$\tilde{\tilde{\Delta}}_i$：产品 j 的紧急需求量；

$\tilde{\tilde{\vartheta}}_i$：材料 i 的延迟时间；

ξ_i：材料 i 的补充期；

L_i：材料 i 的提前期；

p_{it}：阶段 t 的采购价格；

h_i：材料 i 的持有成本；

g_j：产品 j 的加工成本；

e_j：产品 j 的持有成本；

d_{it}：阶段 t 对材料 i 的需求量；

r_{ij}：单位产品 j 对材料 i 的单位使用率；

o_{jt}：阶段 t 对产品 j 的预计需求量；

c_i：业主支付的固定采购费用；

ω_i：材料 i 延误一天产生的惩罚成本；

u_j：单位产品 j 缺货产生的额外费用；

u_i：单位材料 i 缺货产生的惩罚成本；

k_i：材料可用性的百分比，即材料 i 的立即供应比率 $k_i \in [0, 1]$；

q_i：材料 i 的最小采购量；

B_j：最大生产能力；

α_i：材料 i 的缺货率；

β_j：产品 j 的生产积压概率。

为了收集数据，笔者对相关项目的工程师做了调查和访问。一般来说，$\tilde{\tilde{\vartheta}}_i = ([\vartheta]_l, \varphi(\varpi), [\vartheta]_r)$ 是三角模糊数，最高的可能性值是随机变量 $\varphi(\varpi)$。$\varphi(\varpi)$ 是一个概率密度函数 $f_\varphi(x)$ 的随机变量，即 $\varphi(\varpi)$ 近似服从正态分布，可以用极大似然法估计法进行估计，并用卡方拟合优度来估计试验。随后，给出乐观－悲观指数，以确定决策者对模糊变量的可能性组合的态度，模糊随机系数 $\tilde{\tilde{\Delta}}_{jt}$ 和 $\tilde{\tilde{\vartheta}}_i$ 可以转化成确定性的值，即 $E^{Me}[\tilde{\tilde{\Delta}}_{jt}]$ 和 $E^{Me}[\tilde{\tilde{\vartheta}}_i]$（Xu J et al.，2013；Xu J and Zeng Z，2014）。

随后，构建出一个允许业主和预制件加工承包商同步优化的集成运营管理模型。通过简化原本复杂的工程供应链集成运作问题使其达到可构建管理结构，并据此提出一个考虑多个产品、动态不确定需求和延迟时间的两级供应链运作模型。

4.2.3 特征描述

工程供应链集成运营管理问题是一个多阶段决策过程。供应和生产通常是工程供应链每个阶段运营的主要活动。工程供应链集成运作问题的特征可以在下面的建模过程加以说明。

1. 动态需求

物料需求计划在工程设计阶段往往是确定的，而实际上，大型建设工程供应链常常存在动态需求不确定性（Liu Q et al.，2017；Yao Y and Dresner M，2008）。工程供应链中的材料供应依靠供应链上下游节点的需求信息对生产和采购作出决策，这使得上游节点试图通过预测尽量满足订单，从而导致了需求信号的放大。供应方和承包商之间存在较高的需求不确定性进一步加剧了这种需求的失真（Taylor J and Bjornsson H，2010）。施工总承包商变更订单可能会产生加工厂大量的返工（Hu D and Mohamed Y，2014），在计划期内加工厂生产的总生产量并不总是等同于业主预先设计的总需求。因此，应研究从装配场或施工现场的紧急订单（$E^{Me}[\widetilde{\Delta}_{jt}]$）应该认真考虑。假设 o_{jt} 是预制件 j 的设计需求量，真正的需求是：

$$d_{it} = \sum_j r_{ij}(o_{jt} + E^{Me}[\widetilde{\Delta}_{jt}]) \qquad (4-1)$$

在这种情况下，受订单变动影响的时期内的采购和生产计划需要重新计算。

2. 供应延迟

由于仓库的材料通常是建立在施工现场附近，从仓库到生产现场的原材料的交付非常方便。在这种情况下，模型不考虑业主和制造厂之间的运输问题，只考虑发生的供应商和业主之间的延迟。

供应商和业主之间约定的交货时间假设为提前期 L_i。供应商的供应比率是指订单可以被立即满足的百分比。材料 i 的供应比率 $k_i \in [0, 1]$，ϑ_i 是材料 i 的延迟时间的期望值。材料延迟时间 ξ_i 是材料 i 总的补充时间，即考虑所有供应商原材料的交货时间和延迟时间的综合，算式如下：

$$\xi_i = L_i + E^{Me}[\widetilde{\vartheta}_i](1 - k_i) \qquad (4-2)$$

此外，τ_i 是每天材料 i 的消费率：

$$\tau_i = \frac{\sum\limits_j X_{jt} r_{ij}}{7} \qquad (4-3)$$

故，材料 i 的每日需求量为 $\tau_i \xi_i$。

4.2.4 管理目标

决策者在项目集成管理中常常面临多个互相冲突、不同维度的管理目标。通过对不同目标的刻画可以合理描述出工程供应链集成管理多目标决策问题。

1. 业主成本

在工程供应链集成运作管理中，一个主要的管理目标是最大限度地减少业主的成本。对于业主，经济成本包括购买成本、储存成本、延误和缺货成本。c_i 是采购的固定成本。采购价格 p_{it} 可以用式（4 – 3）表示，采购成本为 $c_i + Q_{it}p_{it}$。

材料 i 的延迟时间的期望值为 $E^{Me}[\widetilde{\vartheta}_i]$，材料 i 每天的延迟成本为 ω_i，材料 i 的总延迟成本为 $\omega_i E^{Me}[\widetilde{\vartheta}_i]$。

在阶段 t 的开始，材料 i 的库存水平是 $V_{i,t-1}$。在提前期的最后，库存水平降至 $V_{i,t-1} - \tau_i\xi_i$。在提前期内，材料 i 的持有成本可以表示为 $\left(V_{i,t-1} - \dfrac{\tau_i\xi_i}{2}\right)h_i$。当材料到达库存中心，库存水平变为 $V_{i,t-1} - \tau_i\xi_i + Q_{it}$。

在阶段 t 结束的时刻，库存水平为 V_{it}。因此，阶段 t 期间的库存成本是 $\dfrac{V_{i,t-1} - \tau_i\xi_i + Q_{it} + V_{it}}{2}h_i$，总的库存成本是 $\dfrac{3V_{i,t-1} - 2\tau_i\xi_i + Q_{it} + V_{it}}{2}h_i$。假设在概率 α_i 的时候 $d_{it} - V_{i,t-1} - Q_{it} > 0$，业主的仓库中的材料 i 存在缺货，缺货量的期望值为 $\alpha_i(d_{it} - V_{i,t-1} - Q_{it})$，那么业主缺货的惩罚成本是 $\mu_i\alpha_i(d_{it} - V_{i,t-1} - Q_{it})$。

综上，第一个经济目标可以表示为：

$$\min f_1 = \sum_t \sum_i (c_i + Q_{it}p_{it}) + \omega_i E^{Me}[\widetilde{\vartheta}_i] + \frac{3V_{i,t-1} - 2\tau_i\xi_i + Q_{it} + V_{it}}{2}h_i$$
$$+ \mu_i\alpha_i(d_{it} - V_{i,t-1} - Q_{it}) \tag{4 – 4}$$

2. 加工成本

工程供应链集成运营优化问题不仅要考虑业主的经济效益，同时还要考虑加工制作厂的成本。从加工制造厂的角度来看，生产成本为 $X_{jt}g_j$。在阶段 t 的初试和终止阶段，加工制造厂的库存水平分别为 $S_{j,t-1}$ 和 S_{jt}，其库存成本可以表示为 $\dfrac{S_{j,t-1} + S_{jt}}{2}e_j$。

在概率 β_j，存在预制件产品 j 的缺货，这意味着真正的需求大于库存。在这种情况下，缺货的数量是 $o_{jt} + E^{Me}[\widetilde{\Delta}_{jt}] - S_{j,t-1} - X_{jt}$。为了提高加工制造厂的服务水平，假设存在缺货惩罚（即 u_j），缺货产生的惩罚成本的期望值为 $u_j\beta_j(o_{jt} + E^{Me}[\widetilde{\Delta}_{jt}] - S_{j,t-1} - X_{jt})$。然后，制造商的总经济成本可以表示为：

$$\min f_2 = \sum_t \sum_j X_{jt}g_j + \frac{S_{j,t-1} + S_{jt}}{2}e_j + u_j\beta_j(o_{jt} + E^{Me}[\widetilde{\Delta}_{jt}] - S_{j,t-1} - X_{jt})$$

$$\tag{4 – 5}$$

3. 服务水平

除了经济效益，服务水平也是衡量工程供应链表现能力的一个重要标准。考虑到所有的加工预制件产品，在 t 期间内的平均服务水平可以定义为从加工厂到总承包商之间实际生产产品的数量占总需求量的百分比。t 期间内总的需求量是指预先设计的产品需求的综合。在 $t-1$ 阶段期末，产品 j 的缺货水平是 $\beta_j(o_{jt} + E^{Me}[\widetilde{\Delta}_{jt}] - S_{j,t-1} - X_{jt})$。因此，在总时间 t 内加工厂的平均服务水平可以解释为：

$$\min f_3 = \frac{1}{T}\sum_t \frac{100}{J}\sum_j \frac{X_{jt}}{o_{jt} + \beta_j(o_{jt} + E^{Me}[\widetilde{\Delta}_{jt}] - S_{j,t-1} - X_{jt})} \quad (4-6)$$

4.2.5 库存状态

需求的失真和不确定性使工程供应链在不同节点上产生了不必要的库存。对供应链上的决策者来说，由于现金流和库存的限制，在统一时间购买所有的材料的同时生产所有的产品是不太可能的，相反，他们更偏好在整个施工工期满足业务需求的同时多批次采购原料和生产产品。因此，存在以下两个动态变化的状态。

（1）在概率为 α_i，生产活动会因为缺乏材料而无法正常运行。在概率为 $1-\alpha_i$ 时，并没有缺货的情况。根据式（4-7），仓库的库存水平可以从一个阶段到下一个阶段保持动态的平衡：

$$V_{it} = V_{i,t-1} + Q_{it} - d_{it} \quad (4-7)$$

（2）对于加工厂，在概率为 $1-\beta$ 时，不存在缺货。从阶段 $t-1$ 到阶段 t，产品 j 的库存水平维持下面平衡：

$$S_{jt} = S_{j,t-1} + X_{jt} - o_{jt} - E^{Me}[\widetilde{\Delta}_{jt}] \quad (4-8)$$

在这样一个多阶段的工程供应链运营问题中，决策者某种程度上受益于采购和生产的灵活性。例如，如果库存成本在这个阶段比较高，决策者可能会按照和供应商规定的合同购买所需的最低数量，并在下一阶段购买剩下的部分。

4.2.6 运营约束

下面以合理的方式刻画出集成管理中遇到的实际条件，包括初始状态、终止条件和自然约束。

1. 初始状态

在多阶段决策过程的开始，为保证供应的安全性，给出了原材料的库存水平：

$$V_{i0} = V_i' \tag{4-9}$$

对于加工厂库存而言，下面的方程对应于预制件加工产品的初始库存：

$$S_{j0} = S_j' \tag{4-10}$$

2. 终止条件

在规划时间的末期，材料的最终库存可以描述为：

$$V_{iT} = V_i'' \tag{4-11}$$

最后一个阶段制造产品的存储量是：

$$S_{jT} = S_j'' \tag{4-12}$$

3. 采购要求

通常，在采购时，供应商有一个最低的采购量要求。因此，购买量必须满足以下约束：

$$Q_{it} \geqslant q_i \tag{4-13}$$

4. 产能限制

由于加工厂产能限制，生产量 X_{jt} 在最大产能约束下：

$$X_{jt} \leqslant B_j \tag{4-14}$$

4.2.7 优化模型

基于以上情况，可以构建一个权衡工程供应链运营中不同合作伙伴的成本和服务的多阶段多目标模型。优化的目的是为减少采购和生产成本，以最低成本允许缺货和延误。式（4-4）的目标函数 f_1 表示业主在时间段总的经济成本。式（4-5）的另一个管理目标 f_2 表示对加工厂而言的生产成本、库存成本和缺货成本。第三个管理目标，即式（4-6）中的 f_3 表示在总规划期间内最大限度地提高加工制造厂的平均服务水平。状态方程式（4-7）和式（4-8）分别保证了各个阶段原材料和预制产品的库存水平。约束条件式（4-9）和式（4-10）分别表示业主和制造承包商的初始库存水平。相反，式（4-11）和式（4-12）分别表示库存的终止状态。式（4-13）和式（4-14）分别满足库存的安全性和采购要求。这样，最优采购量 q_{it} 和最优生产量 X_{jt} 可以通过求解下面模型得到：

$$
\begin{cases}
\min f_1 = \sum_t \sum_i (c_i + Q_{it} p_{it}) + \omega_i E^{Me}[\,\widetilde{\widetilde{\vartheta}}_i\,] + \dfrac{3V_{i,t-1} - 2\tau_i \xi_i + Q_{it} + V_{it}}{2} h_i \\
\qquad\quad + \mu_i \alpha_i (d_{it} - V_{i,t-1} - Q_{it}) \\[2mm]
\min f_2 = \sum_t \sum_j X_{jt} g_j + \dfrac{S_{j,t-1} + S_{jt}}{2} e_j + u_j \beta_j (o_{jt} + E^{Me}[\,\widetilde{\widetilde{\Delta}}_{jt}\,] - S_{j,t-1} - X_{jt}) \\[2mm]
\min f_3 = \dfrac{1}{T} \sum_t \dfrac{100}{J} \sum_j \dfrac{X_{jt}}{o_{jt} + \beta_j (o_{jt} + E^{Me}[\,\widetilde{\widetilde{\Delta}}_{jt}\,] - S_{j,t-1} - X_{jt})} \\[2mm]
\text{s. t.}
\begin{cases}
V_{it} = V_{i,t-1} + Q_{it} - d_{it}, \\[1mm]
S_{jt} = S_{j,t-1} + X_{jt} - o_{jt} - E^{Me}[\,\widetilde{\widetilde{\Delta}}_{jt}\,], \\[1mm]
V_{i0} = V', \ S_{j0} = S' \\[1mm]
V_{iT} = V'', \ S_{jT} = S'', \\[1mm]
Q_{it} \geqslant q_i, \\[1mm]
X_{jt} \leqslant B_j, \\[1mm]
d_{it} = \sum_j r_{ij} (o_{jt} + E^{Me}[\,\widetilde{\widetilde{\Delta}}_{jt}\,]), \\[1mm]
\xi_i = L_i + E^{Me}[\,\widetilde{\widetilde{\Delta}}_{jt}\,](1 - k_i), \\[1mm]
\tau_i = \dfrac{\sum_j X_{jt} r_{ij}}{7}
\end{cases}
\end{cases}
$$

$$(4-15)$$

式（4-15）为一般形式的采购生产模型，在处理一些特定的实际情况时有必要再考虑额外的资源限制。

4.2.8 遗传算法

工程供应链集成管理多阶段决策数学模型属于多目标优化问题。在相关文献中，遗传算法作为一个全面的多目标规划搜索算法被广泛用于在许多不同的领域中。与传统的数学规划技术相比，遗传算法具有解决多目标规划问题的优势。遗传算法在求解优化供应链数学模型上受到了广泛的欢迎（Jawahar N and Balaji A，2009；Borisovsky P et al.，2009；Nachiappan S and Jawahar N，2007），并成功地应用于多目标优化供应链问题（Yeh W and Chuang M，2011；Altiparmak F et al.，2006）。因此，本章应用遗传算法计算多目标性模型中的最优的采购量 q_{it} 和生产量 X_{jt}，然后，采用基于非支配排序和精英选择的混合多目标遗传算法得到帕累托解。非支配排序部分能够探索一个较大搜索空间，精英选择的多目标进化算法可以帮助算法找到更好的解决方案。采用混合多目标遗传算法的方法来解决上述多阶段多目标优化模型的原因有三个。

（1）多目标遗传算法具有解决非线性规划问题的能力；

（2）具有搜索多目标优化问题的能力；

（3）多目标遗传算法对数据具有适用性。

用混合多目标遗传算法求解工程供应链多阶段多目标性集成运营管理问题的计算过程如下。

步骤 1 输入。根据米哈莱维奇发表的文献，种群规模可以设置为决策变量数量的两倍（Michalewicz Z，1994），即种群规模 $= 2 \times T \times (I + J)$。设置最大迭代次数 Gen_{max}、变异概率、交叉概率，令迭代 $Gen = 1$。

步骤 2 初始化。每个染色体代表一系列基因（即采购量 q_{it} 和生产量 X_{jt}）。

步骤 3 更新状态。根据式（4−7）和式（4−8），调整每个阶段的库存水平。

步骤 4 评价。式（4−4）至式（4−6）为新产生的种群计算目标函数（即 f_1，f_2 和 f_3）。

步骤 5 结合父代和子代得到新一代种群。

步骤 6 快速执行非支配排序程序，以获得非支配前端界面（Deb K et al.，2002）。

步骤 7 计算不同解决方案之间的距离。如果染色体之间距离不小于 Niching-r，则将染色体添加到新的父代染色体（Seydi G et al.，2007）。

步骤 8 交叉。对选定的父代染色体使用均匀交叉算子产生两个新的子代染色体。

步骤 9 变异。采用跳跃变异算子，得到新的子代群体。

步骤 10 检测。检测新一代种群是否满足相应约束条件,即式(4–9)至式(4–13),如果满足约束条件,则进入下一个步骤,即步骤 11,如果不满足约束条件,则返回至步骤 8。

步骤 11 统计迭代次数 $Gen = Gen + 1$,重新设置 Niching-r。如果 $G > G_{max}$,输出新种群中的最优个体作为最终解,否则,返回至步骤 3。

本书用 MATLAB 编程语言编写上述多目标遗传算法,图 4–3 展示了多目标遗传算法的计算框架。

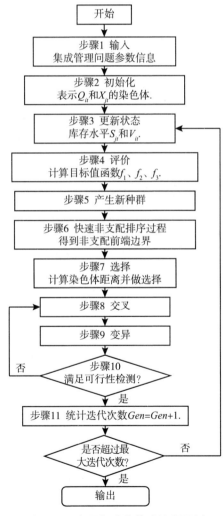

图 4–3 多目标遗传算法流程示例

4.3 案 例 模 拟

本节将前文设计的多阶段多目标采购和生产集成运营优化的模型与方法模拟应用于我国某大型水电站建设项目 P，以讨论该优化模型与方法的适用性。P 工程项目包括多个子工程，如填充墙、堆石坝、泄洪道、隧道、发电系统、引水工程等。各项工程需要大量的各种材料和预制产品，其中涉及大量的劳动工作和资本。P 水电建设工程的工程供应链示意图见图 4 - 4。

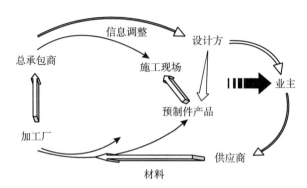

图 4 - 4 P 水电站建设项目的工程供应链示意图

4.3.1 数据收集

模拟案例中的采购和生产计划集成问题包括四种原材料和两种预制件产品。表 4 - 1 至表 4 - 3 列出了经过简化处理的参数信息。表 4 - 1 包括 P 建设工程中材料 i 的使用率 r_{ij} 和在阶段 t 内的合同价格 p_{it}，比率 r_{ij} 这里指的是平均值。值得注意的是，子工程需要多种型号的钢筋混凝土和其他多种预制件产品。比率 r_{ij} 在这里指的是平均值。与 P 水电站建设工程相关的参数列入表 4 - 2，例如，多周期的持有成本在相同的水平。P 水电站建设项目的两种预制件产品相关的参数列入表 4 - 3。根据表 4 - 1 和表 4 - 3 给出的 r_{ij}、o_{jt} 和 $E^{Me}[\widetilde{\Delta}_{jt}]$ 信息，d_{it} 可以通过式（4 - 1）得到。设计期间紧急订单量的 $\widetilde{\Delta}_{jt}$ 隶属度函数见表 4 - 4。

表 4 – 1　　　　　　　　P 水电站建设工程 r_{ij}、p_{it} 参数信息

		r_{ij}		p_{it} 元/吨				$\widetilde{\vartheta}_i$
i	材料	$j=1$	$j=2$	$l=1$	$l=2$	$t=3$	$t=4$	—
1	水泥	0.297	0	340	350	365	350	$(1.3, \varphi(\varpi), 1.6), \varphi(\varpi) \sim N(1.4, 0.33)$
2	钢材	0.313	0.267	2 620	2 600	2 610	2 680	$(1.4, \varphi(\varpi), 1.8), \varphi(\varpi) \sim N(1.6, 0.26)$
3	砂石	1.862	0	20	20	20	20	$\varphi(\varpi) \sim N(1.6, 0.26), \varphi(\varpi) \sim N(0.9, 0.04)$
4	木材	0	0.013	1 620	1 740	1 850	1 930	$(1.2, \varphi(\varpi), 1.5), \varphi(\varpi) \sim N(1.3, 0.19)$

表 4 – 2　　　　　　　　P 水电站工程材料相关参数

i	h_i (元/吨)	c_i (元)	ω_i	μ_i (元/吨)	V_i' (吨)	V_i'' (吨)	q_i (吨)	L_i	α_i (%)	k_i (%)
1	1.4	300	500	80	52	46	500	4	97	93
2	9.2	400	1 500	100	44	38	2 250	6	98	95
3	0.1	180	200	10	91	82	6 000	2	99	97
4	3.6	250	300	40	27	25	100	3	96	98

表 4 – 3　　　　　　　　P 水电站建设工程与产品相关的参数

j	o_{jt}				β_j (%)	e_j (元/单位)	u_j (元/吨)	g_j (元/吨)	S_j' (吨)	S_j'' (吨)	B_j (吨)
j/t	1	2	3	4							
1	1 833	2 173	2 284	1 767	95	12.3	135	289.92	0	0	2 400
2	9 500	9 535	9 636	9 500	98	260	56	130.34	324	296	11 000

表 4 – 4　　　　　　　　紧急订单 $\widetilde{\Delta}_{jt}$ 变量的隶属度函数

t/j	1	2
1	$(500, \varphi(\varpi), 519), \varphi(\varpi) \sim N(506, 0.67)$	$(272, \varphi(\varpi), 289), \varphi(\varpi) \sim N(278, 0.33)$
2	$(147, \varphi(\varpi), 158), \varphi(\varpi) \sim N(153, 0.35)$	$(1\,206, \varphi(\varpi), 1\,233), \varphi(\varpi) \sim N(1\,220, 1.84)$

t/j	1	2
3	$(191, \varphi(\varpi), 203)$, $\varphi(\varpi) \sim N(196, 0.68)$	$(1\,100, \varphi(\varpi), 1\,131)$, $\varphi(\varpi) \sim N(1\,116, 1.23)$
4	$(46, \varphi(\varpi), 55)$, $\varphi(\varpi) \sim N(52, 0.96)$	$(184, \varphi(\varpi), 219)$, $\varphi(\varpi) \sim N(206, 1.02)$

4.3.2 计算结果

在此情况下经过如下的初步实验可以选择算法参数：种群规模 = 100，迭代次数 = 300，交叉概率 = 0.8，变异概率 = 0.2。运行程序求解该问题满意方案的评价计算时间为 2 分钟，这种计算时间在实践管理中是可以接受的。利用改进的多目标遗传算法的搜索过程见图 4 – 5。图 4 – 5 中的星形点表示帕累托优化解，圆点表示每次迭代中的最佳位置。随之可以计算出业主的成本 f_1、制造商的成本 f_2 和服务水平 f_3。通过计算详细的帕累托最优结果，最优的采购数量和生产量如表 4 – 5 所示。

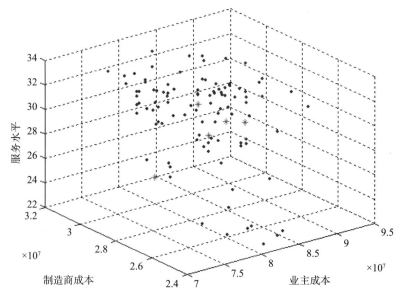

图 4 – 5　P 水电站建设工程采购与生产集成运营帕累托最优解

表 4 −5　　　　　　　　　　　　帕累托最优解

t	Q_{1t}	Q_{2t}	Q_{3t}	Q_{4t}	X_{1t}	X_{2t}	f_1（元）	f_2（元）	f_3	Run time（秒）
1	519	2 344	4 154	156	2 318	9 765	71 538 000	27 131 000	27.4476	37.199
2	687	2 267	3 830	118	1 842	9 844				
3	584	2 449	3 582	101	1 704	9 027				
4	539	2 562	3 202	158	2 208	10 482				
1	539	2 392	3 207	131	1 928	10 836	72 322 000	27 535 000	28.5343	35.708
2	503	2 394	3 341	183	1 980	9 079				
3	630	2 296	4 503	146	1 809	10 028				
4	601	2 613	4 486	114	2 006	10 459				
1	571	2 283	3 164	143	1 974	9 119	72 117 000	26 319 000	26.2729	49.028
2	639	2 271	3 483	135	2 100	9 740				
3	663	2 530	4 479	171	2 225	9 083				
4	515	2 770	3 313	130	1 712	10 135				
1	693	2 487	3 787	189	1 869	9 887	74 281 000	28 174 000	30.674	52.67
2	536	2 257	3 980	118	2 051	10 053				
3	708	2 766	4 892	176	2 087	10 430				
4	628	2 789	4 658	172	2 073	10 501				
1	671	2 560	3 094	117	1 938	10 649	75 764 000	28 510 000	28.7959	47.344
2	737	2 412	4 587	114	1 747	10 703				
3	597	2 953	3 824	127	1 900	10 087				
4	662	2 359	4 377	189	2 295	9 247				

　　实际上，对于工程供应链集成运营问题并没有真正的最优解，改进的多目标遗传算法搜索出的满意解可以为决策者提供参考方案，据此，决策者再根据偏好选择帕累托最优方案。

　　例如，若决策者认为服务水平是最重要的管理目标，为提高服务水平可牺牲业主成本和加工厂的成本。则在本模拟案例中，可选择的方案中业主成本为 74 281 000 元，加工厂成本为 28 174 000 元，服务水平为 30.674。相反，如果决策者更看重业主的经济效益，或许会选择牺牲制造商的成本和服务水平而尽量降低业主成本。这样，决策者会倾向于选择业主成本为 71 538 000 元、加工厂成本为 27 131 000 元、服务水平为 27.4476 的方案。这种情况下相对可行的解决方案见图 4 - 7。

为了分析三个目标（业主成本、加工厂成本和服务水平）之间的趋势和联系，作出二维散点图 4 - 6，该图的左上角显示了为优化业主成本和加工厂成本的过程和最佳位置。图 4 - 6 的右部分显示了加工厂成本和服务水平的非劣解（种群规模 = 50）。从图 4 - 6 可以看出，该多目标非支配排序遗传算法 - Ⅱ（non-dominated sorting genetic algorithms Ⅱ，NSGA-Ⅱ）部分可以带来处于帕累托最优前沿的随机染色体群。随后，该多目标遗传算法也能够在权衡不同目标的过程中接近搜索过程的最前界面。在相应的垂直轴和水平轴上，可以看到每个目标的最佳解决方案所在的范围，例如，加工厂成本的取值集中在 $2.6 \times 10^7 \sim 2.8 \times 10^7$ 元。

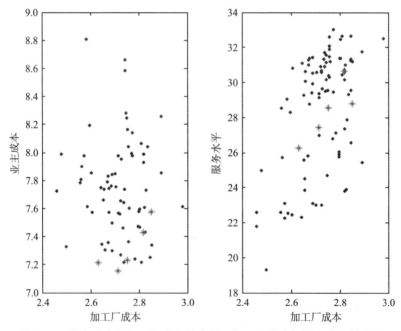

图 4 - 6　业主成本与加工厂成本散点图、加工厂成本与服务水平散点图

在构建模型的基础上，工程供应链集成运营管理充当两个角色，业主尝试

降低采购与供应成本，同时致力于降低供应成本，而加工厂的目标是最大限度地降低经济成本并且提高服务水平。因此，从图 4-6 可以看出，加工厂的成本和服务水平之间存在着正相关关系，而业主成本和制造成本之间的关系并非十分明确。

和预先设计的量 o_{jt} 相比，优化修正后的生产量 X_{jt} 可能比 o_{jt} 高也可能比 o_{jt} 低。其原因是生产量受到项目调度、库存水平、生产能力等多方面影响的限制。

4.3.3 敏感分析

为了更好地理解模型，分别研究了工程供应链集成运作模型参数变化的影响。例如，在其他参数不变时，将材料短缺概率 α_i 设置在不同的水平，即 95% ~ 99%。10 次运行的平均结果可见表 4-6。同理，立即补充率 k_i 和缺货概率 β_i 的变化产生的影响也做了测试，见表 4-6。可以推断，随着缺货概率 α_i 增大，加大了对缺货量的估计，业主的成本趋于从 7.2656×10^7 元增加至 8.0961×10^7 元。但它对其他两个目标没有任何影响。由于和库存成本存在正相关关系，填充率 k_i 有类似的效果。增加缺货概率 β_i 会提高加工厂的成本，同时略微降低了服务水平。

表 4-6　　参数缺货概率 α_i、β_i 和即刻补充率的变化对结果的影响

目标函数	95%	96%	97%	98%	99%
	α_i				
$f_1 (\times 10^7)$	7.2656	7.3095	7.9256	7.9579	8.0961
$f_2 (\times 10^7)$	2.8601	2.9261	2.9106	2.6324	2.768
f_3	28.1068	27.7096	26.7781	26.511	25.0055
目标函数	95%	96%	97%	98%	99%
	β_i				
$f_1 (\times 10^7)$	7.2615	7.3197	7.6357	7.9211	8.0914
$f_2 (\times 10^7)$	2.9199	2.8444	3.0381	2.8601	2.768
f_3	28.9347	26.3599	28.0965	26.7781	25.0055

续表

目标函数	95%	96%	97%	98%	99%
	k_i				
$f_1(\times 10^7)$	7.2656	7.3218	7.6342	8.096	8.3534
$f_2(\times 10^7)$	2.9199	2.8444	3.0381	2.768	2.9104
f_3	28.2797	26.3599	28.0965	25.0055	26.1397

表 4-7 和表 4-8 显示了最小采购量 q_i、产能 B_j 的上界限制在三个水平上变化的影响。最优购买量 $Q_{it}^{\min}$ 的最小值随着最低采购量 q_i 的变化而变化。对于类目 1，假设最低采购量 q_1 设置为 400 单位，最优购买量的最小值 $Q_{it}^{\min}$ 是 406 单位。当最低采购量 q_1 设置为 500 单位时，最优购买量的最小值 $Q_{it}^{\min}$ 为 501 单位。当最低采购量 q_1 为 600 单位时，最优购买量的最小值 $Q_{it}^{\min}$ 是 619 单位。由于足以满足供应商所要求的最低采购数量，最优购买量的最小值 $Q_{it}^{\min}$ 会随着最低采购数量 q_i 的降低而减少。这种情况产生于在现货市场有最低采购要求的价格周期性波动的材料。同时，提高生产能力 B_j 的上限会提高最优生产量的最大值 $X_{jt}^{\max}$。

表 4-7   参数最低采购量 q_i 和生产能力 B_j 变化对结果的影响

i	1			2			3			4		
q_i	400	500	600	2 000	2 250	2 500	2 800	3 000	3 200	80	100	120
$Q_{it}^{\min}$	406	503	619	2 028	2 257	2 515	2 813	3 094	3 266	89	101	122

表 4-8   参数生产能力 B_j 变化对结果的影响

j	1			2		
B_j	2 300	2 400	2 500	10 000	11 000	12 000
$X_{jt}^{\max}$	2 195	2 343	2 461	9 927	10 836	11 764

4.3.4 算法评估

计算时间是评估算法性能的一部分，可以用来作为评价的一个标准。计算时间直接影响参数的设置。过小的迭代次数虽然只需要较短的计算时间，但可能无法达到最佳的结果，因此这种参数的组合可能不是最好的，需要统计不同参数设置下的计算时间。为减少随机误差，对每个参数设置的情况运行 10 次。例如，如果种群规模为 50，只有在迭代次数超过 100 次时才能达到帕累托最优解。在这个种群规模下，较合适的迭代次数为 200 次，其平均计算工程供应链采购与生产集成运营优化问题的时间为 112.49 秒。如果种群规模 = 200，迭代次数为 300 时，平均计算时间为 2 095.7 秒。虽然，较大的种群规模意味着多目标遗传算法可能需要搜索更大的空间，但这也会降低算法的收敛速度，减少达到最优解的搜索时间。在这种情况下，虽然搜索结果的范围很广泛，但得到的是相同的最优解。另外，如果迭代时间不够长，算法可能无法得到最佳的解决方案。因此，可行的参数设置为染色体规模 = 100，迭代次数 = 300。此外，在不同的交叉率和变异率的设置下，该算法依然可以保持稳定。

4.3.5　效率分析

为了有助于讨论所提出模型的有效性和适用性，这里对模型的性能进行了评价。在不考虑不确定性环境的情况下，即不考虑不确定参数，如紧急订单 $\widetilde{\Delta}_{jt}$ 和延迟时间 $\widetilde{\vartheta}_i$ 的情况下，计算工程供应链采购与生产集成运营管理模型。计算结果和效果列入表 4-9。若不考虑不确定性变量紧急订单 $\widetilde{\Delta}_{jt}$，业主的平均成本为 70 087 000 元，比这里提出的考虑不确定性环境的优化模型低出 5.46%。可以看出，由于增加了紧急订单，加工厂需要加工更多预制件产品，因此需要更多的相关材料，业主的成本也随之明显增加。

表 4-9　变量紧急订单 $\widetilde{\Delta}_{jt}$ 和延迟时间 $\widetilde{\vartheta}_i$ 对每个目标产生的影响

目标	平均值	不考虑 $\widetilde{\Delta}_{jt}$	影响的占比	不考虑 $\widetilde{\vartheta}_i$	$\widetilde{\vartheta}_i$ 影响的占比
业主成本 f_1	73 918 000	70 087 000	5.46%	72 117 000	2.44%
加工厂成本 f_2	27 378 000	25 499 000	6.86%	27 513 000.00	0.49%
服务水平 f_3	28.98	33.19	14.53%	29.87	3.08%

与此同时，考虑紧急订单 $\widetilde{\Delta}_{jt}$ 时加工厂的平均成本为 27 378 000 元，其中

紧急订单的影响占到了 6.86%，原因在于增加的订单也增加了最优的生产量从而引起加工厂成本的提高。换言之，购买和生产量的变化与紧急订购量成正比。另外，不考虑 $\widetilde{\Delta}_{jt}$ 时，加工厂平均服务水平 f_3 从 28.98 提高到 33.19。紧急订单 $\widetilde{\Delta}_{jt}$ 的影响达到了服务水平的 14.53%。因此，在三个管理目标中，紧急订单 $\widetilde{\Delta}_{jt}$ 对加工厂的服务水平的影响最大。

和 $\widetilde{\Delta}_{jt}$ 相比，延迟时间 $\widetilde{\vartheta}_i$ 对目标的影响较小，对三个管理目标的影响分别只有 2.44%，0.49% 和 3.08%。显然，延迟时间 $\widetilde{\vartheta}_i$ 对包括延误成本在内的业主成本有直接影响，延迟时间对业主成本的影响高于加工厂的成本。虽然服务水平的变化不到 1，但延迟时间 $\widetilde{\vartheta}_i$ 的服务水平的波动相对最大。

当紧急订单和延迟时间有较高的不确定性时，上述情况就会出现。因此，紧急订单 $\widetilde{\Delta}_{jt}$ 和延迟时间 $\widetilde{\vartheta}_i$ 在设置最佳决策时发挥着重要的作用。上述分析揭示了不确定参数 $\widetilde{\Delta}_{jt}$ 和 $\widetilde{\vartheta}_i$ 的影响，值得决策者适当考虑。

图 4-6 为 P 水电站建设工程采购与生产集成运营管理提供一种可能的解决方案。根据图 4-6 的采购与生产计划，P 水电站建设项目的决策者可以把该基于工程供应链的采购与生产集成运营管理优化方法付诸实践，如图 4-7 所示。

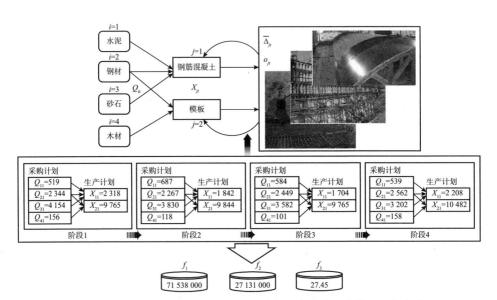

图 4-7　P 水电站建设工程供应链采购与生产集成运营管理可行方案

4.3.6 模型比较

对于工程供应链集成运营管理决策的主要驱动力进行更深入的调查分析可得到如下管理启示,讨论的目的是研究动态采购和生产阶段最佳决策是否受到不确定库存环境的显著影响。

这里使用同一个多目标遗传算法计算出确定环境下和不确定环境下的工程供应链集成运营管理多阶段决策模型。将两种不同的工程供应链集成运营管理模型做比较:不考虑不确定性的决策模型、不考虑随机性的决策模型、不考虑模糊性的模型。为便于说明,考虑模糊随机不确定性的模型用 CSCO-fr 表示。为了确保比较的公平性,对每种模型均用程序运行 10 次得到的测试结果进行分析。为了分析模型的性能,表 4 – 10 列出了帕累托最优解中最好、最坏和平均的计算结果。

表 4 – 10　　　　工程供应链采购与生产集成运营管理模型比较

项目	取值节省		取值节省		取值节省	
参照数据 $f_1 = 83\ 723\ 000$　　$f_2 = 29\ 694\ 000$						
类型	*CSCO-fr*		*CSCO-r*		*CSCO-fr*	
最优值	71 538 000		72 468 000		26 684 000	
最差值	81 273 000		82 868 000		27 796 000	
平均值	73 918 000	11.71%	76 947 000	8.09%	27 378 000	7.8%
方差	0.122		0.135		0.041	
参照数据 $f_2 = 29\ 694\ 000$　　$f_3 = 25.79$						
类型	*CSCO-r*		*CSCO-fr*		*CSCO-r*	
最优值	26 898 000		31.0926		29.48	
最差值	29 046 000		26.6574		25.17	
平均值	28 422 000	4.28%	28.98	12.36%	27.63	7.13%
方差	0.076		0.132		0.156	

本研究提出的考虑固有的不确定性的模型在确定最佳解决方案时比确定的模型似乎表现出更好的性能。尽管和参照数据相比,*CSCO-f* 模型可以分

别以 8.09%、4.28% 和 7.13% 的比例提高三个管理目标。$CSCO\text{-}r$ 模型似乎更令人满意。采用 $CSCO\text{-}fr$ 模型，业主的成本 f_1 可以节约 980 万元，即节约 11.72%，从而有效控制成本。加工厂的成本 f_2 可以降低 7.8%（约 231.6 万元），服务水平可以提升 12.36%。此外，每个模型的最优结果的波动接近。可见，模糊随机不确定环境在工程供应链集成运营管理方面影响到施工进度，工程成本进而影响项目绩效。因此，模糊随机不确定环境在每个阶段的动态材料供应和产品生产方面起到了重要的作用。模糊随机变量考虑了模糊性和随机性，在描述现实中遇到的不确定性和模糊信息时受到了决策者的青睐。

4.4　本章小结

本章运用模糊理论和遗传算法解决工程供应链运营中的采购与生产规划整合多目标多阶段优化问题。随后，使用实际水电站建设工程进行案例模拟研究，探讨其有效性，分析其对管理的启示。主要目的是通过正确的采购方式、较低的库存和合理的生产计划大大降低工程供应链的整体运营成本。同时，加工承包商的服务水平也可以得到提高。利用多目标遗传算法，可以在较短的计算时间内得到帕累托最优解。和参照数据相比，应用集成优化模型得到的最佳解决方案可以帮助业主和加工厂节省约 10% 的总成本，从而使工程供应链上业主和加工厂同时受益。研究还为建筑施工企业展示了工程供应链集成管理业务的价值以及不同因素对工程供应链的影响。

工程供应链采购和生产集成管理的模型和分析，可以总结为以下几点。

（1）提出了一个同时优化采购和生产计划的框架，从管理的角度来看，最优的采购和生产计划可以作为处理订单延迟和不确定性的策略工具。运用优化模型，管理者可以调整决策，从而配合动态材料供应和产品需求。

（2）由于最小采购数量或最大产能会影响约束条件，最小采购数量或最大产能的轻微变动都可能会影响最优采购和生产计划。

（3）紧急订单和延迟时间也会影响最优供给量和生产量，从而增加了项目成本和造成服务水平的波动。

（4）紧急订单比其他因素对加工厂的服务水平起更大的作用，处理紧急订单可以带来显著的效益。

（5）考虑不确定性的工程供应链集成管理模型可以提高工程供应链效率。

本章研究表明，基于工程供应链的集成管理方式可以提高工程供应链的规划和管理效率。采用基于工程供应链的集成管理模型，施工管理人员能够通过采用适当的采购和生产政策而迅速应对不断变化的产品需求。笔者建议工程管理者从整个工程供应链的角度整合供应与生产过程。笔者未来的研究可能包含以下几个可扩展的领域。一是检查工程供应链运营过程中特定伙伴关系或合同对工程供应链的影响。虽然模拟案例只考虑了有限数量的材料和加工产品，在一些大型的建设项目还有更复杂的情况。未来的研究工作应从不同的角度，如工作速度、可靠性、工作质量等方面研究工程供应链集成管理优化决策问题。此外，在有时间限制或项目进度要求的条件下，探索工程供应链集成运营管理还需要额外的参数和重新构建优化模型，在计算上也更有难度。为寻找一个最佳解决方案还需要探索更多可替代的计算算法，因此，在模型以及方法的基础上考虑上述研究问题可能会产生新的管理启示，有利于进一步提高大型建设工程项目的管理效率。

第5章
可变提前期的采购库存集成决策

材料采购和供应对保障建设工程项目施工过程的连续性至关重要。合理的采购制度是大型建设工程项目成功的基础。现有针对建设工程项目采购管理的研究已形成许多研究成果，例如供应商管理（Lam K et al., 2010; Peter O et al., 2013），在线采购（Luu D et al., 2003）、模糊推理系统（Chao L et al., 2012）等。目前，越来越多的研究将工程项目的采购问题与项目的物流与供应链相结合进行集成式研究。如，采购与施工过程相结合的研究（Caron F et al., 1998）、建设项目物流中物资采购和仓储联合优化设计模型（Said H and El-Rayes K, 2010）等。一般而言，建设工程项目采购决策也有其特殊的行业规定和制度（Luu D T et al., 2003）。除了建设行业常用的采购方法（Tookey J, 2001），还需要充分考虑每个建设项目的独特特征和实际条件（Kumaraswamy M and Dissanayaka S, 2001; Ng S T et al., 2002）。

需要注意的一点是，提前期是任何库存管理系统中的一个重要因素（Pan J and Yang J, 2002），决策者可能通过提前期或订购成本控制直接或间接影响物资供应的服务水平和业务竞争力（Chang H et al., 2006）。在实际的工程供应链中，由于订单准备、订单运输、供应商提前期、交货期和设置时间的不确定性，提前期是一个随机变量。一些研究讨论了一般库存模型中的可变提前期（Ben-daya M and Raouf A, 1994; Ouyang L et al., 1996; Ouyang L and Wu K, 1997; Ouyang L et al., 1999）。成果例如：能够实现准时生产（Just-in-time, JIT）的具有可控提前期的集成库存管理模型（Pan J and Yang J, 2002）、考虑提前期需求随机性的单供应商 - 单买方集成生产库存模型（Ouyang L et al., 2004）、通过质量改进和缩短提前期对 JIT 模型进行优化的研究（Ouyang L et al., 2007）。通过缩短交付周期，管理者可以降低安全库存、提高客户服务水平、提高竞争能力（Ouyang L and Wu K，1997）。

然而，现有大型建设项目工程供应链采购库存集成管理研究中，关于缩短交付周期的研究工作非常有限。因此，本章试图建立一个考虑提前期不确定性的建设工程供应链采购与库存集成管理优化模型，旨在缩小现有一般库存模型研究与工程供应链集成优化研究之间的距离。

本章从工程供应链合作伙伴的角度出发，提出了一个基于三级工程供应链的多目标采购库存决策优化模型，该模型旨在降低建设工程供应链中的采购和供应总经济成本以及缩短其提前期。在该决策优化模型中，采购数量和提前期都被视为可控的决策变量，然后，通过案例模拟讨论本章所提出的考虑提前期不确定性的三级工程供应链采购与库存集成管理优化模型的合理性及适用性。

5.1 模 型 构 建

如今，许多建筑材料库存系统由建筑业主分包给第三方库存承包商负责，在这种情况的工程供应链中，供应商和总承包商之间有一个库存承包商，业主为库存承包商支付库存管理费用，业主和库存承包商之间不存在材料的转让价格。因此，工程供应链不能用广义的供应链管理模式来处理和表示。工程供应链中物料采购和库存的最大问题是如何使用优化模型来降低各项成本并确保整个供应链物资的供应效率，控制提前期是供应链管理中提高供应效率的一种方法。本章试图通过决策优化确定工程供应链最佳提前期和采购数量。

5.1.1 假设条件

（1）工程供应链上可以共享信息；

（2）不允许缺货的情况出现；

（3）库存水平线性下降；

（4）施工进度率是确定的；

（5）依据施工进度的需求顺序将材料交付给库存承包商；

（6）工期 T 被划分成几个规划阶段 τ。

5.1.2 符号设定

本章的模型公式中使用了以下符号。

1. 集合和下标

i：提前期组成部分的索引 L，$i = 0, 1, 2, \cdots, n$；

j：提前期组成部分的索引 L，$j = 0, 1, 2, \cdots, n$。

2. 决策变量

Q：订单数量；

L：提前期，L_0 属于安全提前期；

r：再订货点。

3. 参数

T：工期；

A：供应商固定准备成本；

B：每次采购的固定启动成本；

D：T 内总需求量；

X：当要求缩短交付周期时，供应商产生的额外费用；

Y：业主向库存承包商支付的库存合同费用；

p：合同中的采购价格；

S：安全库存；

h：单位持有成本；

m：生产利润率；

n：提前期 L 的构成数量；

β：施工进度；

c_i：单位赶工成本；

a_i：提前期 L 的第 i 个组成部分的最小持续时间；

b_i：提前期 L 的第 i 个组成部分的最大持续时间；

τ：规划阶段的时间长度。

5.1.3 管理目标

1. 供应商成本

提前期可以分解为独立的小时间段，每个时间段分别对应为缩短工期而支付的赶工成本（Liao C and Shyu C，1991）。提前期的赶工成本可以表示为：

$$c_i \Big[\sum_{i=1}^{n} b_i - \sum_{j=1}^{i-1} (b_j - a_j) - L \Big] + \sum_{j=1}^{i-1} c_j (b_j - a_j) \qquad (5-1)$$

其中，$\sum_{i=1}^{n} a_i < L < \sum_{i=1}^{n} b_i$，$n$ 是提前期 L 组成部分的数量，c_i 是单位赶工成本。提前期的组成部分是指可以赶工的时间段，从第一个时间段开始逐个赶工（具有最小的单位赶工成本）。然后是第二个可以赶工的时间段，依此类推。订单的数量是 D/Q。

供应商、承包商的成本包括准备成本 A、生产成本 $(1-m)pQ$ 和提前期成本，具体可以用下列方程式表示：

$$\min f_1 = \frac{D}{Q}[A + (1-m)pQ] + \frac{D}{Q}\Big\{ \Big[\sum_{j=1}^{n} b_j - \sum_{j=1}^{i-1} (b_j - a_{j+}) - L \Big] c_i$$
$$+ \sum_{j=1}^{i-1} (b_j - a_j) c_j \Big\} \qquad (5-2)$$

2. 库存承包商成本

库存承包商关注的是如何最小化库存成本。假设库存在开始时处于安全库存水平 S。对材料的需求是固定的。这时，最后一个阶段的库存水平可以表示为 $S + Q - \dfrac{D}{T}$。当假设库存水平线性下降时，平均库存水平可以表示为 $S + \dfrac{Q}{2} - \dfrac{D}{2T}$。因此，库存持有成本可以用式（5-3）表示：

$$\min f_2 = \Big(S + \frac{Q}{2} - \frac{D}{2T} \Big) \frac{D}{Q} h \qquad (5-3)$$

3. 业主成本

在工程供应链中，业主需要支付采购成本、对供应商的提前期奖励和库存

合同费用 Y。如果要求缩短交付周期，供应商为赶工产生的额外费用 X 将全部转移给业主来支付。采购成本包括固定采购费用 B 和可变成本 Qp。因此，业主的采购成本可以用式（5-4）表示：

$$\min f_3 = (B + Qp)\frac{D}{Q} + X + Y \qquad (5-4)$$

业主单位时间的平均需求为 $\dfrac{D}{T}$。提前期的预期需求可以表示为 $\dfrac{D}{T}L$。安全库存为 S。因此，再订货点 r 可以用式（5-5）表示：

$$r = \frac{D}{T}L + S \qquad (5-5)$$

5.1.4　约束条件

1. 安全提前期

研究表明，如果施工进度（完工率）是一个有规律的趋势，则安全提前期和安全库存之间存在近似关系（Caron F et al.，1998）。每次向现场交付材料都可以换算成相应的工时。时间段 τ 内这些工时的数值可以表示为 β，安全库存表示为 S，p 是价格（可以视为材料的单位价值），因此，pS 可以表示材料安全库存的价值。安全提前期 L_0 的近似关系可以用如下函数表示：

$$L_0 = \frac{pS}{\beta}\tau \qquad (5-6)$$

其中，τ 是规划时间的长度。

虽然决策者需要缩短交付周期，但实际上交货期仍有限制要求。交货期始终要长于安全提前期。因此，这一约束条件可以表示为如下不等式：

$$L_0 \geqslant L \qquad (5-7)$$

由于 a_i 和 b_i 分别是提前期第 i 个部分的最小时间段和最大时间段，工期 L 的取值期间应该满足：

$$\sum_{i=1}^{n} a_i < L < \sum_{i=1}^{n} b_i \qquad (5-8)$$

2. 起批量

在实践中通常会有一个最小订购量，可表述如下：

$$Q^{\min} \leqslant Q \tag{5-9}$$

5.1.5 优化模型

为了提高工程供应链的管理效率，在考虑经济成本的基础上，建立了工程供应链上供应商、库存承包商和业主的目标函数，分别为式（5-2）、式（5-3）和式（5-4）。为确保施工过程的连续性，安全提前期需要满足式（5-7）。实际上还存在其他资源限制，如采购数量限制，见式（5-9）。通过以上分析，考虑提前期不确定性的三级工程供应链采购与库存集成管理优化模型可以表示如下：

$$
\begin{cases}
\min f_1 = \dfrac{D}{Q}[A + (1 - m)pQ] + \dfrac{D}{Q}\Big\{\Big[\displaystyle\sum_{j=1}^{n} b_j - \sum_{j=1}^{i-1}(b_j - a_{j+}) - L\Big]c_i \\
\qquad\qquad + \displaystyle\sum_{j=1}^{i-1}(b_j - a_j)c_j\Big\} \\[2mm]
\min f_2 = \Big(S + \dfrac{Q}{2} - \dfrac{D}{2T}\Big)\dfrac{D}{Q}h \\[2mm]
\min f_3 = (B + Qp)\dfrac{D}{Q} + X + Y \\[2mm]
\text{s. t.}
\begin{cases}
\dfrac{pS}{\beta}\tau \geqslant L \\[2mm]
\displaystyle\sum_{i=1}^{n} a_i < L < \sum_{i=1}^{n} b_i \\[2mm]
Q^{\min} \leqslant Q \\[2mm]
r = \dfrac{D}{T}L + S
\end{cases}
\end{cases}
$$

其中，$i = 1, 2, \cdots, j = 1, 2, \cdots, i-1$。

粒子群优化算法是一种基于种群的进化计算技术，在许多领域都有广泛应用。粒子群优化算法可以有效解决多目标优化问题（Shi Y, 2004）。粒子群优化算法具有需要调整的参数少、概念简单、易于实现、计算效率高等优点。因此，本章同样采用粒子群优化算法用来求解本章设计的考虑提前期不确定性的三级工程供应链采购与库存集成管理优化模型的最优订货量、再订货点和交货期。

5.2 数 值 算 例

为了分析本章所提出的模型的适用性，这里使用工程供应链的案例数据作为数值算例进行模拟。算例的数据见表 5 - 1，提前期由三个部分组成，相关数据如表 5 - 2 所示（Ouyang L et al.，1999；Pan J and Yang J，2002；Ouyang L et al.，2007）。

表 5 - 1 参数设置

参数	值	参数	值
A（元）	690	m	8%
B（元）	1 380	n	3
Y（元）	34 500	T（月）	6
S（t）	30	τ（月）	1
h（元/吨/月）	69	β（天）	60
d（吨）	480	p（元/吨）	372.6

表 5 - 2 提前期数据

参数	$i = 1$	$i = 2$	$i = 3$
c_i（元/天）	0.69	8.28	34.5
a_i（天）	6	6	9
b_i（天）	20	20	16

在同一组参数下，将粒子群算法运行 10 次的结果见表 5 - 3。通过表 5 - 3，可以看出最佳解决方案 Q 约为 40 吨，提前期为 21 ~ 23 天。最优解决方案的采购数量 Q 是 39.8842 吨，最佳的提前期是 21 天，再订货点是 58.3261 吨。供应商的成本 f_1 为 193 062 元，库存承包商的库存持有成本 f_2 为 40 918.38 元。业主的采购成本 f_3 为 236 856.3 元。因此，最小的供应链最低总成本为 470 835.3 元。

表 5 - 3 计算结果

次数	Q	L	r	f_1 （元）	f_2 （元）	f_3 （元）	总成本 （元）
1	39.6591	21.0253	58.0338	193 103.4	41 057.07	236 952.9	471 113.37
2	39.8164	22.3068	59.7424	193 662.3	40 959.78	236 883.9	471 511.5
3	39.446	21.5215	58.6953	193 524.3	41 188.86	237 042.6	471 753
4	39.8109	22.7746	60.3661	193 910.7	40 963.23	236 883.9	471 766.8
5	39.3957	21.3191	58.4255	193 455.3	41 220.6	237 063.3	471 732.3
6	39.9129	23.2185	60.9581	194 069.4	40 901.13	236 842.5	471 815.1
7	39.8842	21.2446	58.3261	193 062	40 918.38	236 856.3	470 835.3
8	39.4648	21.0795	58.106	193 275.9	41 177.13	237 035.7	471 483.9
9	39.6895	21.3655	58.4873	193 262.1	41 037.75	236 939.1	471 235.5
10	39.4837	21.1159	58.1546	193 282.8	41 165.4	237 021.9	471 470.1

为了分析代理费降低和额外成本效应，本章研究了当代理费 Y 变化时的数值算例的结果。显而易见的是，额外成本 X 和代理费用 Y 所有者的成本函数中具有线性累积关系。可以发现对任何给定的代理费 Y 或者业主支付给供应商的额外成本 X，最优采购量 Q 都保持不变，供应商和库存承包商的成本变化也很小。因此，可以推断代理费和额外成本对采购计划几乎没有影响。

在本章讨论的三级工程供应链管理模型中，供应商和业主相互合作，因此，相同的采购数量 Q、再订货点 r 和提前期同时被视为决策变量。为了检验压缩提前期的作用效果，假定在相同的采购量（即 $Q = 39.6895$ 吨）时，改变提前期的数值，再对模型进行求解，计算结果列入表 5 - 4。可以看到，通过缩短时间可以降低供应商的经济成本和工程供应链的总成本。因此，三级工程供应链内部的统一合作可以显著地提高物资供应的效率。

表 5 - 4 提前期的影响作用

运行次数	1	2	3	4	5
L	21.0376	21.0709	21.4176	21.451	21.831
f_1	193 089.6	193 110.3	193 289.7	193 310.4	193 510.5
供应链总成本	471 063	471 083.7	471 263.1	471 283.8	471 483.9

运行次数	6	7	8	9	10
L	22.2372	23.0171	23.0814	23.9694	24.2802
f_1	193 724.4	194 131.5	194 166	194 635.2	194 793.9
供应链总成本	471 697.8	472 104.9	472 139.4	472 608.6	472 774.2

5.3 本章小结

本章研究的目的是通过建立采购与库存决策优化模型，以降低工程供应链上每个参与者的总成本，具体分析了三级工程供应链中的生产成本、采购成本、持有成本、代理成本、提前期赶工成本。结果表明，利用本章所构建的采购与库存决策优化模型可以有效降低工程供应链上供应商成本、库存承包商成本和业主采购成本。此外，本章也测试了库存承包商的代理费的变化对总采购成本的影响。算例的结果显示代理费和因缩短交货期而支付的额外成本对采购计划没有显著影响。

本章没有考虑采购与库存多阶段动态变化及其中不确定因素等对决策的影响，因此未来可进一步探讨多阶段动态决策及不确定因素下的三级工程供应链采购与库存决策优化问题。还有一个值得关注的研究方向是探讨不同价格分布函数、需求分布函数下或存在缺货情况下的工程供应链采购与库存决策优化问题。

第6章
结 语

随着信息技术的发展和市场竞争日益激烈，工程建筑领域企业的竞争力表现在工程供应链的管理水平，从项目活动管理的角度进行决策优化是研究和提高工程供应链管理水平的有效方法之一。工程项目涉及多个不同的组织，跨越多个不同的时间阶段，具有较高的动态性、复杂性和不确定性，对各项资源的协调分配，组织之间的分工协作等具有更高的要求。因此，工程项目管理难度较大。对基于工程供应链的项目活动管理问题进行深入的探讨和研究，制订科学合理的多阶段优化决策方案，既有利于缩减项目管理的成本，合理控制工期，保证施工及生产运营的安全，降低对环境的影响，提高工程项目管理的效率，促进工程项目管理技术的发展，又有利于丰富和发展工程供应链理论以及多阶段决策理论，使工程项目管理及工程供应链走上科学管理的道路。本书以工程供应链理论和项目管理理论为指导，以模糊随机不确定、优化与决策理论和多阶段决策理论为主要理论依据，以智能算法为主要技术，以实际决策问题为主线，围绕基于工程供应链的项目活动管理多目标多阶段决策优化问题展开研究工作。考虑到项目活动管理问题多阶段的结构，本书利用多阶段决策规划模型来帮助优化项目活动管理决策。

具体来讲，本书主要围绕工程项目管理供应链采购与库存活动动态优化决策问题，从采购与库存集成管理、库存与生产集成管理、可变提前期的采购与库存集成管理三个核心问题进行了研究。考虑到问题的模糊不确定性，从系统优化的角度提出了数学建模和智能算法设计方法，并对其进行了案例模拟分析。基于工程供应链的思想，以工程项目供应活动管理问题为研究对象需以工程供应链和项目管理理论为指导，才能保证研究具有实际意义。项目活动管理问题涉及不确定的环境，需要对模糊或模糊随机不确定现象进行描述，针对不确定变量的性质进行讨论，将其转化为可以计算的确定型变量，需要用到模糊及模糊随机不确定理论。针对项目供应活动管理问题，使用动态规划技术建立多阶段数学模型或多目标数学模型，用到动态规划理论和多目标规划理论。从而建立工程供应链采购与库存管理多目标多阶段优化决策模型、工程供应链集成管理多目标多阶段优化决策模型、三级工程供应链考虑可变提前期的工程项目多目标采购与库存集成管理优化决策模型。这种多目标多阶段优化决策模型或多目标决策模型难以用普通的解析方法进行计算，需要借助智能算法寻找最优解。

6.1 主要工作

本书结合工程项目管理的实际需要，基于工程供应链管理的思想，关注大型工程项目供应活动管理优化问题，主要研究内容包括：工程供应链采购与库存多目标多阶段决策优化问题、工程供应链采购与生产集成管理多目标多阶段决策优化问题、考虑可变提前期的多目标物资采购决策优化问题。首先，针对每一个研究问题，分析具体问题的背景，梳理归纳出关键特点，深入分析其不确定性和动态性特征，建立问题的概念模型。针对问题的工程具体环境，运用多目标多阶段决策建模技术和模糊不确定理论进行分析。其次，运用数学建模与定量分析的方法从工程供应链微观运作层面研究其成本控制、减少供应延迟或质量改进等方面的决策优化方法，依次构建采购与库存决策多目标多阶段决策优化问题、工程供应链采购与生产集成管理多目标多阶段决策优化问题、考虑可变提前期的多目标物资采购决策优化问题的概念模型和抽象化数学模型。再次，依据粒子群优化算法、遗传算法或模拟退火算法针对模型的结构特征设计相应的求解算法。最后，将工程供应链供应活动多目标决策优化模型模拟应用到大型水利水电站建设工程，分析和讨论模型和求解方法的有效性、科学性、合理性和实用性，帮助决策者在工程供应链实施运作层面上制订更加合理有效的决策方案。

为了研究工程供应链采购与库存管理优化决策问题，本书通过对工程供应链采购与库存管理问题的不确定性和动态性的深入特征分析，依次构建出概念模型和抽象化的数学模型。运用数学建模与定量分析的方法对工程供应链微观运作层面采购与库存问题进行成本控制、减少供应延迟等方面的改进。为了提高模糊随机不确定环境下工程供应链中多种类目材料的采购与库存管理决策，本书提出了一个多目标多阶段的优化模型。基于工程供应链的采购和库存管理多目标多阶段的优化决策模型可以帮助决策者完成多重管理目标的同时满足各种资源约束的限制。针对基于工程供应链的采购和库存管理多目标多阶段的优化模型的特点，采用多目标遗传算法进行求解，并以 T 水电站工程建设项目为模拟案例进行了计算分析，结果证明了模型和算法的有效性。该基于工程供应链的采购和库存管理多目标多阶段决策优化模型和理论算法的计算结果可为决策者在实际项目管理活动中的决策判断提供理论依据。

为了适应工程供应链的不确定性和为工程供应链上的合作参与者提供权衡成本和效率的管理启示，本书进一步在运营层面对工程供应链的项目管理活动进行综合集成优化。针对工程供应链中工程项目供应与生产集成管理问题，分析了问题特点，设计了一个集成的多阶段多产品采购与生产决策优化模型。该模型考虑了工程供应链中各种来源的不确定性，如需求、供给、工作延迟的因素对供应与生产产生的影响。选择采用多目标遗传智能算法对其进行求解。在案例模拟分析中，通过计算结果的分析和比较，发现多阶段集成优化模型可以显著提高工程项目的管理效率，降低业主和预制件加工厂的生产成本，同时可以提高供应服务水平。验证了考虑模糊随机不确定因素，如紧急订单对基于工程供应链的供应与生产集成管理问题具有较显著的影响。

本文还研究了三级工程供应链考虑可变提前期的工程项目多目标采购与库存集成管理问题。以现有研究成果关于可变提前期一般库存模型的研究为理论基础，讨论三级工程供应链中同时考虑可变提前期、采购量和再订购点三种决策变量的情况。本书假定三级工程供应链采购与库存管理中，为提高供应链管理效率，供应链的参与者协同合作、系统化决策。详细分析了三级工程供应链协同合作模型中库存承包商、供应商和业主的经济成本，并以每个参与者的经济成本最小化作为供应链管理的目标，从而建立资源约束下的三级工程供应链考虑可变提前期的工程项目多目标采购与库存集成管理决策优化模型。通过数值算例和粒子群算法对决策模型进行模拟应用和求解，最终证明了通过缩短时间可以降低供应商的经济成本和工程供应链的总成本，而且三级工程供应链内部的统一合作可以显著地提高物资供应的效率。

6.2 研究价值

6.2.1 研究贡献

本书研究的主要贡献表现在以下三个方面。

1. 模糊不确定多阶段优化决策模型

基于工程供应链的思想，分别建立了模糊随机环境下的采购与库存多目标多阶段优化模型、模糊随机环境下的集成管理多目标多阶段优化决策模型、三级工程供应链考虑提前期不确定的工程项目多目标采购与库存集成管理优化决策模型。相对于传统的项目管理研究中主要考虑的确定型或随机型环境来说，本书更有效地分析和描述了工程供应链和项目活动管理中部分数据无法准确测量以及信息传递的缺失等模糊不确定性因素，更符合实际环境，填补了动态工程供应链不确定环境下的项目供应活动管理量化分析优化决策模型的研究空白，对于工程供应链量化分析研究方法和数学建模领域来说是一个创新。

2. 智能算法

针对模糊不确定多目标多阶段优化决策模型，本书设计和改进了多种多目标多阶段智能优化算法，包括模拟退火粒子群混合智能算法、支配排序—精英选择多目标遗传算法。这些算法分别从多目标多阶段决策实际问题特征出发，结合动态多阶段决策模型中状态转移方程的特性，改进了解的表达方式和计算方法，丰富和发展了启发式智能算法在工程供应链和项目管理领域中的应用。

3. 模拟应用

对模糊随机环境下的采购与库存多目标多阶段优化模型、模糊随机环境下的集成管理多目标多阶段优化决策模型，分别模拟应用到我国两个大型水利水电工程项目案例，根据本书所提出的多阶段决策优化模型和智能算法，提出了科学的解决方案。这些案例的模拟应用研究显示了如何将理论模型和算法应用到工程实践决策管理中，给实际管理者和决策者带来了一定的启示和参考，同时也证实了多阶段决策优化模型和相应的智能算法具有有效性和实际可操作性，进一步丰富了工程供应链项目活动管理的案例研究方法和内容。

6.2.2　理论价值

本书的理论创新点主要表现在选题立意和学术思想两个方面。

1. 选题立意上：工程供应链复杂不确定多目标动态资源规划管理

随着信息技术的快速发展和工程环境的日益复杂，许多大型建设工程项目面临着动态性、复杂性和不确定性等多重调整，需要从供应链的角度来提升管理水平和竞争力。但是，考虑复杂不确定情况下工程供应链多目标动态资源规划管理的系统研究成果比较缺乏。本书以模糊随机理论、多目标多阶段技术及启发式算法为研究工具，将供应链思想和方法引入工程项目管理领域，对模糊随机环境下的项目活动管理问题进行了研究，旨在实现工程项目管理活动多维度的管理目标，提高管理效率。选题具有一定的创新性和理论价值。

2. 学术思想上：模糊随机不确定多阶段优化决策建模理论

本书拓展了传统工程项目管理中采购、生产、库存等决策目标管理维度和组织管理维度，提出较为系统的工程供应链模糊随机不确定多目标多阶段优化决策建模理论。详细分析了工程供应链背景下的采购与库存、物流选址和集成管理问题出现的新特性，分析和描述了工程供应链和项目活动管理中存在的模糊型不确定性因素，更符合实际环境。

本书基于工程供应链的思想，分别建立了模糊随机环境下的采购与库存多目标多阶段优化模型、模糊随机环境下的集成管理多目标多阶段优化决策模型、可变提前期的采购与库存多目标优化决策模型，填补了动态工程供应链不确定环境下的项目活动管理量化分析优化决策模型的研究空白，为工程供应链应对不同决策情景下模糊随机不确定性干扰提供理论依据，在多阶段定量分析方法、系统性工程供应链量化分析研究方法和数学建模领域具有一定的创新性。

6.2.3 学术价值

1. 科学研究价值

本书考虑了大型建设工程项目动态不确定性的特点，以多阶段决策方法为研究工具，在建模理论上提出模糊随机不确定多目标多阶段决策优化建模方法。这在理论上弥补了多重不确定性工程供应链管理、工程供应链多阶段动态性决策等研究方面的不足，拓展了不确定环境下多阶段项目活动管理量化分析方法及其优化决策模型的理论研究。因此，本书对不确定理论、多阶段决策理论研究起到了积极的推动作用，具有一定的科学研究价值。

2. 应用研究价值

本书将提出的模糊随机环境下的工程供应链多目标多阶段优化模型分别模拟应用到我国大型水利水电站建设工程案例中，并进行了案例分析和讨论，根据所提出的多阶段决策优化模型提出了科学的解决方案。该应用研究显示了如何将理论模型和算法应用到工程决策管理中，也证实了多阶段决策优化模型和相应的智能算法具有较好的应用前景和实用效果，从而进一步丰富了工程供应链项目活动管理的案例研究方法和内容，对大型建设工程项目管理和工程供应链管理具有一定的参考和借鉴价值，对推进我国建筑行业供应链管理的现代化和高质量发展具有积极意义。

综上所述，本书基于工程供应链的思想，以工程项目活动实际管理需求为出发点，运用决策优化理论为技术，构建了新的动态多阶段决策优化模型，有针对性地设计了相应的智能算法，并将优化模型和算法模拟应用于工程案例中，对其可行性和实用性做进一步的分析验证。案例模拟应用展示了如何综合应用模糊理论、多目标理论、多阶段决策理论和算法求解技术，根据工程供应链的专业特点、项目管理活动要求、环境条件等优化实际工程供应链运作期间涉及的一系列项目管理活动，最大限度地为工程供应链有效运作创造条件，同时尽可能地降低费用，减少安全和环境问题，对于工程造价、进度、组织、环境与安全等各个方面都有着重要的现实意义。本书提出的多阶段决策优化模型和智能算法，丰富和发展了工程供应链项目活动管理的研究领域，对于大型工程项目供应活动管理问题和工程供应链管理有着一定的指导和实践意义。

附录 常用符号说明

$x = (x_1,\ x_2,\ \cdots,\ x_n)$	n 维行向量（或点）
$x = (x_1,\ x_2,\ \cdots,\ x_n)^T$	n 维列向量（或点）
x_i	n 维向量 x 的第 i 个分量
$x > y$	x 的每个分量都大于 y 的相应分量
$\alpha,\ \alpha_i,\ \beta,\ \beta_i,\ \gamma,\ \gamma_i$	实数
$S = \{x \mid x$ 所满足的性质 $\}$	满足某种性质的 x 的全体（集合）
$S = \{x^1,\ x^2,\ \cdots,\ x^n\}$	由 $x^1,\ x^2,\ \cdots x^n$ 组成的有限集合
$\varnothing$	空集
E^n	n 维欧氏空间
$x \in S (x \notin S)$	x 属于（不属于）集合 S
$X \cup Y (X \cap Y,\ X \setminus Y)$	X 与 Y 之并集（交集、余集）
$X \subseteq (\subset) Y$	包含（完全包含）X
$\|x\|$	x 的范数
$x^T y = x_1 y_1 + \cdots + x_n y_n$	两个 n 维列向量的内积
$A = [a_{ij}]_{m \times n}$	$m \times n$ 矩阵
A^T	矩阵 A
A^{-1}	满秩方阵 A 的逆矩阵
$\|A\| = \det A$	方阵 A 的行列式
$f(x)$	向量 x 的函数（或 n 元函数）
$\max(a_1,\ a_2,\ \cdots a_n)$	数 $a_1,\ a_2,\ a_n$ 中的最大者
$\min(a_1,\ a_2,\ \cdots a_n)$	数 $a_1,\ a_2,\ a_n$ 中的最小者
$\max\limits_{x \in R} f(x) \left(\min\limits_{x \in R} f(x) \right)$	$f(x)$ 在 R 上的最大（最小）者
$\exists$	存在
$\forall$	对任意的

$\Rightarrow$	可推出
$\dot{x}$, $\dfrac{\mathrm{d}x}{\mathrm{d}t}$	x 对时间 t 的导数
x', x''	x 的一阶（二阶）导数
x_t, $x(t)$	x 是时间 t 的函数
$<$, $>$, $\ll$, $\gg$	小于，大于，远小于，远大于
$\leqslant$, $\geqslant$, $\neq$	小于等于，大于等于，不等于
$\prec$, $\preceq$	严格地次于（严格地不优于），次于（不优于）
$\succ$, $\succeq$	严格地优于（严格地不次于），优于（不次于）
x^*	均衡态、平衡点或平衡态
f^*	f 的最优值或最优解

参 考 文 献

[1] 安智宇，刘妍．需求不确定下工程项目物资采购的价格决策模型 [J]．中国管理科学，2013（2）：480 - 484.

[2] 安智宇，周晶，李民．大型工程项目战略型物资采购的激励合约设计 [J]．管理工程学报，2014，28（1）：179 - 184.

[3] 陈汝鹏，刘振元．工程供应链建模语言及应用方法 [J]．物流科技，2013，36（5）：6 - 10.

[4] 程书萍，张德华，李真．工程供应链风险源的识别与控制策略研究 [J]．运筹与管理，2012，21（4）：244 - 248.

[5] 代宏砚，檀雅静，周伟华．库存不准确环境下考虑实时信息的供应链协同机制设计研究 [J]．管理工程学报，2018，32（2）：228 - 239.

[6] 丰景春，王婷，王龙宝．基于建筑信息模型的协同建设项目多层次多阶段利益分配机制——设计采购施工模式情景下 [J]．科技管理研究，2021，41（20）：194 - 203.

[7] 凤亚红．基于 multi-agent 的总承包工程项目供应链信息协同机制研究 [J]．科技管理研究，2013，32（17）：146 - 148.

[8] 郭峰，徐浩，屈纲．建设工程供应链合作伙伴协调管理的创新与实践研究——以深圳地铁 5 号线项目为例 [J]．科技进步与对策，2011，28（13）：26 - 30.

[9] 国家统计局．2022 中国统计年鉴 [M]．北京：中国统计出版社，2021.

[10] 国家外汇管理局，商务部，国家统计局．2020 年度中国对外承包工程统计公报 [M]．北京：中国商务出版社，2021.

[11] 何伟怡，张娉娉．核心企业领导风格与弱稳定性的工程供应链信息共享：关系质量的中介作用 [J]．南开管理评论，2020，23（1）：107 - 117.

［12］何新华，胡文发，宋玉茹．基于 BIM 和供应链集成的大型建筑安装工程可视化管理系统［J］．建筑经济，2017，38（6）.

［13］黄恒振．基于物联网 + bim 的装配式建筑供应链信息系统架构研究［J］．项目管理技术，2019，17（11）.

［14］敬辉蓉，李传昭．采购管理理论综述［J］．工业工程，2008，11（2）：1 – 5.

［15］柯洪，甘少飞，杜亚灵，等．信任对 epc 工程供应链管理绩效影响的实证研究——基于关系治理视角［J］．科技管理研究，2015，35（12）：194 –202.

［16］柯洪，尹贻林．公共工程项目供应链管理理论研究［J］．科学学与科学技术管理，2005，26（7）：149 – 152.

［17］雷星晖，许杰峰．基于 bim 的我国工程总包企业供应链合作伙伴关系调研及分类研究［J］．土木工程学报，2015（6）：122 – 128.

［18］李民，高俊．工程供应链管理研究综述［J］．工业技术经济，2012，223（5）：28 – 37.

［19］李毅鹏，马士华．建筑供应链中基于空间约束的多供应商横向协同研究［J］．中国管理科学，2013（1）：111 – 117.

［20］李战国，刘蒙，司保江，等．调水工程可持续供应链协同管理成因及模式研究［J］．科技进步与对策科技管理研究，2021，41（3）：170 – 178.

［21］李真．基于计算实验的工程供应链协调优化研究［D］．南京：南京大学，2012.

［22］刘平，李启明．Bim 在装配式建筑供应链信息流中的应用研究［J］．施工技术，2017，46（12）：130 – 133.

［23］刘振元，王红卫，甘邯．工程项目集成管理与工程供应链［J］．武汉理工大学学报，2005，27（12）：99 – 101.

［24］祁超，卢辉，王红卫，等．重大工程工厂化建造管理创新：集成化管理和供应商培育［J］．管理世界，2019，35（4）：39 – 51.

［25］时茜茜，朱建波，盛昭瀚．重大工程供应链协同合作利益分配研究［J］．中国管理科学，2017，25（5）：42 – 51.

［26］宋吟秋，张云，吕萍．总承包工程建设供应链利润分配模型研究［J］．中国管理科学，2011，19（4）：98 – 104.

［27］谢坤，唐文哲，漆大山.基于供应链一体化的国际工程 EPC 项目采购管理研究 ［J］.项目管理技术，2013（8）：17-23.

［28］徐伟，李建伟.土木工程项目管理 ［M］.上海：同济大学出版社，2000.

［29］许婷.工程项目采购供应链中的竞合博弈 ［J］.中国管理科学，2009，17（1）：83-88.

［30］曾自强.建设项目土建工程系统优化动态决策模型及其应用 ［D］.成都：四川大学，2014.

［31］中国项目管理国际研讨会学术委员会.中国项目管理知识体系纲要 ［M］.北京：电子工业出版社，2002.

［32］Aggoune R. Minimizing the makespan for the flow shop scheduling problem with availability constraints ［J］. European Journal of Operational Research，2004，153（3）：534-543.

［33］Altiparmak F，Gen M，Lin L et al. A genetic algorithm approach for multi-objective optimization of supply chain networks ［J］. Computers & Industrial Engineering，2006，51（1）：196-215.

［34］Baykasoglu A，Gindy N. A simulated annealing algorithm for dynamic layout problem ［J］. Computers and Operations Research，2001，28：1403-1426.

［35］Beamon B M. Supply chain design and analysis：Models and methods ［J］. International Journal of Production Economics，1998，55：281-294.

［36］Bellman R. Dynamic programming ［M］. Princeton University Press，Princeton，1957.

［37］Bertelsen S. Construction Logistics Ⅰ and Ⅱ，Materials-management in the Construction Process（in Danish）［D］. Ph. D. thesis，Boligministeriet，Byggeog Boligstyrelsen，K Benhavn，1993.

［38］Chang C，Ouyang L，Chen C. Lead time and ordering cost reductions in continuous review inventory systems with partial backorders ［J］. Journal of the Operational Research Society，1999，50：1272-1279.

［39］Chao L C，Hsiao C S. Fuzzy model for predicting project performance based on procurement experiences ［J］. Automation in Construction，2012，28：71-81.

［40］Chen Q, Hall D M, Adey B T et al. Identifying enablers for coordination across construction supply chain processes: A systematic literature review ［J］. Engineering, Construction and Architectural Management, 2020, 28 (4): 1083 – 1113.

［41］Chen S E, Ng S T, Luu D T. Decision criteria and their subjectivity in construction procurement selection ［J］. Construction Economics and Building, 2002, 2 (1): 70 – 80.

［42］Chen S, Luu D, Thomas Ng S. A case-based procurement advisory system for construction ［J］. Advances in Engineering Software, 2003, 34: 429 – 438.

［43］Chen S P, Chang P C. A mathematical programming approach to supply chain models with fuzzy parameters ［J］. Engineering Optimization, 2006, 38 (6): 647 – 669.

［44］Chuang M C, Yeh W C. Using multi-objective genetic algorithm for partner selection in green supply chain problems ［J］. Expert Systems with Applications, 2011, 38 (4): 4244 – 4253.

［45］Dan A, Ralescu Madan L Puri. Fuzzy random variables ［J］. Journal of Mathematical Analysis and Applications, 1986, 114 (2): 409 – 422.

［46］Dao T, Chaabane A, Le P, Elmughrabi W. Present focuses and future directions of decision-making in construction supply chain management: A systematic review ［J］. International Journal of Construction Management, 2020, 20 (5): 490 – 509.

［47］Dao T M, Le P L, Chaabane A. Bim contributions to construction supply chain management trends: An exploratory study in Canada ［J］. International Journal of Construction Management, 2019, 22 (1): 66 – 84.

［48］Díaz-Madroñero M, Vicens E, Mula J, Peidro D. Mathematical programming models for supply chain production and transport planning ［J］. European Journal of Operational Research, 2010, 204: 377 – 390.

［49］Deb K, Pratap A, Agarwal S et al. A fast and elitist multiobjective genetic algorithm: NSGA-Ⅱ ［J］. IEEE Transactions on Evolutionary Computation, 2002, 6 (2): 182 – 197.

［50］ Deng Y, Gan V, Das M et al. Integrating 4D BIM and GIS for conbtruction supply chain management ［J］. Journal of Construction Engineering and Management, 2019, 145 (4).

［51］ Dennis Lock. Project Management Handbook ［M］. Gower, 1987.

［52］ Dhingra A K, Bennage W A. Single and multi-objective structural optimization in discrete-continuous variables using simulated annealing ［J］. International Journal for Numerical Methods in Engineering, 1995, 38: 27 – 53.

［53］ Dissanayaka S, Kumaraswamy M. Developing a decision support system for building project procurement ［J］. Building and Environment, 2001, 36 (3): 337 – 349.

［54］ Dresner M, Yao Y. The inventory value of information sharing, continuous replenishment, and vendor-managed inventory ［J］. Transportation Research Part E, 2008, 44: 361 – 378.

［55］ Dreyfus S, Bellman R. Applied dynamic programming ［D］. Princeton University Press, Princeton, 1962.

［56］ Eberhart R, Shi Y. Parameter selection in particle swarm optimization ［C］//Proceedings of the Seventh International Conference on Evolutionary Programming, 1998: 591 – 600.

［57］ Ehap A, Benita M B, A multi-objective approach to simultaneous strategic and operational planning in supply chain design ［J］. Omega, 2000, 28 (5): 581 – 598.

［58］ Elfving J, Tommelein I, Ballard G. Consequences of competitive bidding in project-based production ［J］. Journal of Purchasing & Supply Management, 2005, 11: 173 – 181.

［59］ El-Rayes K, Said H. Optimizing material procurement and storage on construction sites ［J］. Journal of Construction Engineering and Management, 2010, 137 (6): 421 – 431.

［60］ Eremeev A, Borisovsky P, Dolgui A. Genetic algorithms for a supply management problem: Mip-recombination vs greedy decoder ［J］. European Journal of Operational Research, 2009, 195 (3): 770 – 779.

［61］ Erkip N, Gullu R, Onol E. Analysis of an inventory system under supply uncertainty [J]. International Journal of Production Economics, 1999, 59: 377 –385.

[62] Ezekiel A, Chinyio Peter O, Akadiri, Paul O. Olomolaiye, Multi-criteria evaluation model for the selection of sustainable materials for building projects [J]. Automation in Construction, 2013, 30: 113 – 125.

[63] Farzad J, Javier I, Ebrahim P. Integrating BIM and GIS to improve the visual monitoring of construction supply chain management [J]. Automation in Construction, 2013, 31: 241 – 254.

[64] Federgruen A, Bernstein F, Chen F. Coordinating supply chain inventories through common replenishment epochs [J]. Management Science, 2006, 52 (10): 1483 – 1492.

[65] FF A A, Rashidi T H, Akbarnezhad A et al. BIM-enabled sustainability assessment of material supply decisions [J]. Engineering, Construction and Architectural Management, 2017, 24 (4).

[66] Fischer M, O'Brien W. Construction supply-chain management: A research framework [C]. Proceedings of CIVIL-COMP-'93, Information Technology for Civil and Structural Engineers, The Third International Conference on the Application of Artificial Intelligence to Civil and Structural Engineers, Scotland: Edinburgh, 1993 (4): 61 – 64.

[67] Fisher M, Cachon G P. Supply chain inventory management and the value of shared information [J]. Management Science, 2000, 46 (8): 1032 – 1048.

[68] Fitzgerald E, Akintoye A, McIntosh G. A survey of supply chain collaboration and management in the UK construction industry [J]. European Journal of Purchasing & Supply Management, 2000, 6 (3 – 4): 159 – 168.

[69] Flórez L, Medaglia A, Castro-Lacouture D, Sefair J. Optimization model for the selection of materials using a leed-based green building rating system in Colombia [J]. Building and Environment, 2009, 44: 1162 – 1170.

[70] Fortemps P, Dubois D, Fargier H. Fuzzy scheduling: Modelling flexible constraints vs. coping with incomplete knowledge [J]. European Journal of Operational Research, 2003, 147 (2): 231 – 252.

[71] Fu M. Sample path derivatives for (s, s) inventory systems [J]. Operations Research, 1994, 42 (2): 351 – 364.

［72］ Galeano N, Molina A, Velandia M. Virtual enterprise brokerage: A structure-driven strategy to achieve build to order supply chains ［J］. International Journal of Production Research, 2007, 45 (17): 3853 – 3880.

［73］ Gao J, Su X, Zhang X. Inventory analysis of lca on steel-and concrete-construction office buildings ［J］. Energy and Buildings, 2008, 40 (7): 1188 – 1193.

［74］ Garel G, Mahmoud-Jouini S B, Midler C. Time-to-market vs. time-to-delivery managing speed in engineering procurement and construction projects ［J］. International Journal of Project Management, 2004, 22: 359 – 367.

［75］ Gelatt Jr. C D Kirkpatrick S, Vecchi M. Optimisation by simulated annealing ［J］. Science, 1983, 220: 671 – 680.

［76］ Gen M, Cheng R. Genetic Algorithms & Engineering Optimization ［M］. Wiley Series in Engineering Design and Automation, 2000.

［77］ Ghannadpour S F, RezaHoseini A, Noori S. Integrated scheduling of suppliers and multi-project activities for green construction supply chains under uncertainty ［J］. Automation in Construction, 2021, 122: 103485.

［78］ Ghoshal S P. Application of ga/ga-sa based fuzzy automatic generation control of a multi-area thermal generating system ［J］. Electric Power Systems Research, 2004, 70: 115 – 127.

［79］ Goldberg D E. Generatic algorithms in searching optimization and machine learning ［M］. Reading, Massachusetts, Addision Wesley, 1989.

［80］ Golpira H. Optimal integration of the facility location problem into the multi-project multi-supplier multi-resource construction supply chain network design under the vendor managed inventory strategy ［J］. Expert Systems with Applications, 2020, 139: 112841.

［81］ Gong J, Wang Z, Hu H. Simulation based multiple disturbances evaluation in the precast supply chain for improved disturbance prevention ［J］. Journal of Cleaner Production, 2018, 177: 232 – 244.

［82］ Graves A, Hall M, Holt R. Private finance, public roads: Configuring the supply chain in highway construction ［J］. European Journal of Purchasing & Supply Management, 2000, 6: 227 – 235.

［83］ Grossmann I E, Balasubramanian J. Scheduling optimization under uncertainty—An alternative approach ［J］. Computers & Chemical Engineering, 2003, 27 (4): 469 – 490.

［84］ Hans-Jürgen Zimmermann. Fuzzy set theory — and its applications ［M］. Springer Science & Business Media, 2001.

［85］ Haouari M, Hariga M. An EOQ lot sizing model with random supplier capacity ［J］. International Journal of Production Economics, 1999, 58 (1): 39 – 47.

［86］ Hardcastle C, Langford D, Tookey J E, Murray M. Construction procurement routes: Re-defining the contours of construction procurement ［J］. Engineering, Construction and Architectural Management, 2001, 8 (1): 20 – 30.

［87］ Hariga M, Hassini E, Ben-Daya M. A note on generalized single-vendor multi-buyer integrated inventory supply chain models with better synchronization ［J］. International Journal of Production Economics, 2014, 154: 313 – 316.

［88］ Harris F W. Operations and cost factory management series ［M］. Chicago: A. W. Shaw Co, 1915.

［89］ Heaton R, Martin H, Chadee A et al. The construction materials conundrum: Practical solutions to address integrated supply chain complexities ［J］. Journal of Construction Engineering and Management, 2022, 148 (8): 1 – 15.

［90］ Herrera F, Herrera-Viedma E et al. A model of consensus in group decision making under linguistic assessments ［J］. Fuzzy Sets and Systems, 1996, 78 (1): 73 – 87.

［91］ He Yan, Fiorito Susan S, Giunipero Larry C. Retail buyers' percep tions of quick response systems ［J］. International Journal of Retail & Distribution Management, 1998, 26 (6): 237 – 246.

［92］ Ho C, Ouyang L, Wu K. An integrated vendor-buyer inventory model with quality improvement and lead time reduction ［J］. International Journal of Production Economics, 2007, 108: 349 – 358.

［93］ Ho C, Ouyang L, Wu K. Integrated vendor buyer cooperative models with stochastic demand in controllable lead time ［J］. International Journal of Production Economics, 2004, 92: 255 – 266.

［94］ Holland J. Adaptation in natural and artificial systems ［M］. MIT Press Cambridge, MA, USA, 1975.

［95］ Holland J. Outline for a logical theory of adaptive systems ［J］. Journal of the ACM, 1962, 9 (3): 297 – 314.

［96］ Howell G, Ballard G. Factors affecting project success in the piping ［J］. Lean construction, 1997: 161.

［97］ Huang W, Li S, Murat A. Selection of contract suppliers under price and demand uncertainty in a dynamic market ［J］. European Journal of Operational Research, 2009, 198: 830 – 847.

［98］ Im K, Ryu C, Jung D, Han S. Modelling an inventory management in construction operations involving on-site fabrication of raw materials ［C］. Proc. , IGLC Conf. , International Group of Lean Construction, East Lansing, MI, 2007.

［99］ Iwánski C, Kacprzyk J. A generalization of discounted multistage decision making and control via fuzzy linguistic quantifiers ［J］. International Journal of Control, 1987, 45: 1909 – 1930.

［100］ James M W. A simulation analysis of ordering policies under inflationary conditions: A critique ［J］. International Journal of Operations & Production Management, 1995, 15 (8): 89 – 91.

［101］ Jawahar N, Balaji A N. A genetic algorithm for the two-stage supply chain distribution problem associated with a fixed charge ［J］. European Journal of Operational Research, 2009, 194 (2): 496 – 537.

［102］ Jawahar N, Nachiappan S P. A genetic algorithm for optimal operating parameters of vmi system in a two-echelon supply chain ［J］. European Journal of Operational Research, 2007, 182 (3): 1433 – 1452.

［103］ Jin R, Lu Q, Madgwick D, Wu P, Xu Y, Hancock C M. Perceptions towards risks involved in offsite construction in the integrated design & construction project delivery ［J］. Journal of Cleaner Production, 2019, 213: 899 – 914.

［104］ Kacprzyk J. Multistage decision-making under fuzziness ［M］. Cologne: Verlag T UV Rheinland, 1983.

［105］ Kanyalkar A P, Adil G K. An integrated aggregate and detailed planning in a multi-site production environment using linear programming ［J］. International Journal of Production Research, 2005, 43: 4431 – 4454.

[106] Karimi I, Mcdonald C. Planning and scheduling of parallel semicontinuous processes [J]. Production Planning, Industrial and Engineering Chemistry Research, 1997, 52: 2691 – 2700.

[107] Karimi I, Oh H. Global multiproduct production-distribution planning with duty drawbacks [J]. AICHE Journal, 2006, 52: 595 – 610.

[108] Karray F, Mousavi S J, Ponnambalam K. Inferring operating rules for reservoir operations using fuzzy regression and anfis [J]. Fuzzy Sets and Systems, 2007, 158 (10): 1064 – 1082.

[109] Kennedy J, Eberhart R et al. Swarm intelligence [M]. Morgan Kaufmann Publishers, 2001.

[110] Khaled E, Hisham S. Optimal utilization of interior building spaces for material procurement and storage in congested construction sites [J]. Automation in Construction, 2013, 31: 292 – 306.

[111] Khouja M. The single period (news-vendor) inventory problem: A literature review and suggestions for future research [J]. Omega, 1999, 27: 537 – 553.

[112] Kim J G, Chatfield D, Harrison T P et al. Quantifying the bullwhip effect in a supply chain with stochastic lead time [J]. European Journal of Operational Research, 2006, 173 (2): 617 – 636.

[113] Kim J, Moon I, Ha B. Inventory systems with variable capacity [J]. European Journal of Industrial Engineering, 2012, 6 (1): 68 – 86.

[114] Kim S. An investigation on the direct and indirect effect of supply chain integration on firm performance [J]. International Journal of Production Economics, 2009, 119 (2): 328 – 346.

[115] Kochenberger G, Glover F. Handbook of Metaheuristics [M]. N J: Kluwer Academic Publishers, 2002.

[116] Koskela L. Application of the new production philosophy to construction [R]. CA94305: Stanford University, 1992.

[117] Koskela L, Vrijhoef R. The four roles of supply chain management in construction [J]. European Journal of Purchasing & Supply Management, 2000, 6

(3 – 4): 169 – 178.

[118] Kürat Yildiz, M. Türker Ahi. Innovative decision support model for construction supply chain performance management [J]. Production Planning & Control, 2022, 33 (9 – 10): 894 – 906.

[119] Kumaraswamy M, Dissanayaka S. Evaluation of factors affecting time and cost performance in Hong Kong building projects [J]. Engineering Construction and Architectural Management, 1999, 6 (3): 287 – 298.

[120] Kumaraswamy M, Ekanayake E, Shen G. A fuzzy synthetic evaluation of capabilities for improving supply chain resilience of industrialised construction: A Hong Kong case study [J]. Production Planning & Control, 2021: 1 – 18.

[121] Kwakernaak H. Fuzzy random variables-definitions and theorems [J]. Information Science, 1978, 15: 1 – 29.

[122] Lam M, Lam K, Tao R. A material supplier selection model for property developers using fuzzy principal component analysis [J]. Automation in Construction, 2010, 19: 608 – 618.

[123] Lau H, Lau A. The newsstand problem: A capacitated multiproduct single period inventory problem [J]. Operations Research, 1996, 94: 29 – 42.

[124] Lejeune M A. A variable neighborhood decomposition search method for supply chain management planning problems [J]. European Journal of Operational Research, 2006, 175 (2): 959 – 976.

[125] Liao C, Shyu C. An analytical determination of lead time with normal demand [J]. International Journal of Operations & Production Management, 1991, 11: 72 – 78.

[126] Lin C, Chang P. On the effect of centralization of the expected costs in a multi-location newsboy problem [J]. Journal of Operational Research Society, 1991, 42: 1025 – 1030.

[127] Linder C, Dallasega P, Rauch E. Industry 4. 0 as an enabler of proximity for construction supply chains: A systematic literature review [J]. Computers in Industry, 2018, 99: 205 – 225.

[128] Lin Y, Yang M. Integrated cooperative inventory models with one vendor and multiple buyers in the supply chain [J]. European Journal of Industrial En-

gineering, 2012, 6 (2): 153 –176.

[129] Liu B, Liu Y K. Expected value of fuzzy variable and fuzzy expected value models [J]. IEEE transactions on Fuzzy Systems, 2002, 10 (4): 445 –450.

[130] Liu B. Theory and Practice of Uncertain Programming [M]. Heidelberg: Physica-Verlag, 2002.

[131] Liu Q, Xu J, Qin F. Optimization for the integrated operations in an uncertainconstruction supply chain [J]. IEEE Transactions on Engineering Management, 2017, 3: 1 –15.

[132] Liu Y, Xu J. Multi-objective decision making model under fuzzy random environment and its application to inventory problems [J]. Information Sciences, 2008, 178: 2899 –2914.

[133] Liu Y, Yao F, Ji Y et al. Quality Control for Offsite Construction: Review and Future Directions [J]. Journal of Construction Engineering and Management, 2022, 148 (8): 1 –14.

[134] London K, O'Brien W, Vrijhoef R. Construction supply chain modeling: A research review and interdisciplinary research agenda [J]. ICFAI Journal of Operations Management, 2004, 3 (3): 64 –84.

[135] Lotfi A Zadeh. The concept of a linguistic variable and its application to approximate reasoning [M]. Springer, 1974.

[136] Lova A, Tormos P, Cervantes M et al. An efficient hybrid genetic algorithm for scheduling projects with resource constraints and multiple execution modes [J]. International Journal of Production Economics, 2009, 117 (2): 302 –316.

[137] Lu H, Wang H, Xie Y et al. Study on construction material allocation policies: A simulation optimization method [J]. Automation in Construction, 2018, 90: 201 –212.

[138] Lu W, Li X, Xue F et al. Exploring smart construction objects as blockchain oracles in construction supply chain management [J]. Automation in Construction, 2021, 129.

[139] MacLean B, Feng J, Zhang Q, Karney B. Life-cycle inventory of energy use and greenhouse gas emissions for two hydropower projects in China [J]. Journal of Infrastructure Systems, 2007, 13 (4): 261 –270.

[140] Magad Eugene L et al. Total materials management: Achieving maximum profits through materials/logistics operations [M]. Springer Science & Business Media, 2013.

[141] Maiti M, Chakraborty N, Mondal S. A deteriorating multi-item inventory model with price discount and variable demands via fuzzy logic under resource constraints [J]. Computers & Industrial Engineering, 2013, 66: 976 – 987.

[142] Maroto C, Ruiz R. A genetic algorithm for hybrid flowshops with sequence dependent setup times and machine eligibility [J]. European Journal of Operational Research, 2006, 169 (3): 781 – 800.

[143] Martin C H, Dent D C, Eckhart J C. Integrated production, distribution, and inventory planning at Libbey-Owens-Ford [J]. Interfaces, 1993, 23 (3): 68 – 78.

[144] McCaffer R, Edum-Fotwe F, Thorpe A. Organizational relationship within the construction supply-chain [C]//Proceedings of a Joint CIB Triennial Symposium, Cape Town, 1999 (1): 186 – 194.

[145] McKittrick A, Fynes B, Wiengarten F, Humphreys P. Investigating the impact of e-business applications on supply chain collaboration in the German automotive industry [J]. International Journal of Operations & Production Management, 2015, 33 (1): 25 – 48.

[146] Michalewicz Z. Genetic Algorithms + Data Structures = Evolution Programs [M]. Springer, Berlin, 1994.

[147] Millett S, Briscoe G, Dainty A. Construction supply chain partnerships: skills, know ledge and attitudinal requirements [J]. European Journal of Purchasing & Supply Management, 2001, 7 (4): 243 – 255.

[148] Mohamed Y, Hu D. A dynamic programming solution to automate fabrication sequencing of industrial construction components [J]. Automation in Construction, 2014, 40: 9 – 20.

[149] Mohammadnazari Z, Ghannadpour S F. Sustainable construction supply chain management with the spot light of inventory optimization under uncertainty [J]. Environment Development and Sustainability, 2021, 23 (7): 10937 – 10972.

[150] Mohan S, Mohan G, Chandrasekhar A. Multi-item, economic order

quantity model with permissible delay in payments and a budget constraint [J]. European Journal of Industrial Engineering, 2008, 2 (4): 446 –460.

[151] Mungen U, Polat G, Arditi D. Simulation-based decision support system for economical supply chain management of rebar [J]. Journal of Construction Engineering Management, 2007, 133 (1): 29 –39.

[152] Naim M, Hong-Minh S, Barker R. Construction supply chain trend analysis [C]. Proceedings IGLC –7. Berkeley, CA: University of California, 1999.

[153] Neale J J, Tomlin B T, Willems S P. The role of inventory in superior supply chain performance [M]//The practice of supply chain management: Where theory and application converge. Boston, MA, Springer, 2004: 31 –59.

[154] Niaki S, Taleizadeh A, Aryanezhad M. Multi-product multi-constraint inventory control systems with stochastic replenishment and discount under fuzzy purchasing price and holding costs [J]. American Journal of Applied Sciences, 2009, 6 (1): 1 –12.

[155] Ning J, Yeo K. Integrating supply chain and critical chain concepts in engineer-procure-construct (EPC) projects [J]. International Journal of Project Management, 2002, 20 (4): 253 –262.

[156] Ning J, Yeo K. Managing uncertainty in major equipment procurement in engineering projects [J]. European Journal of Operational Research, 2006, 171 (1): 123 –134.

[157] Olatunji O. Due process and contractor selection for public works in Nigeria [D]. Universitéde Montréal, Montreal, 2008, 11: 385 –395.

[158] Osman H M, Georgy M E, Ibrahim M E. A hybrid cad-based construction site layout planning system using genetic algorithms [J]. Automation in Construction, 2003, 12: 749 –764.

[159] Pagh J D. Cooper M C, Lambert D M. Supply chain management: More than just a new name for logistics [J]. International Journal of Logistics Management, 1997, 8 (1): 1 –13.

[160] Pan J C H, Yang J S. A study of an integrated inventory with controllable lead time [J]. International Journal of Production Research, 2002, 40 (5): 1263 –1273.

［161］Papadonikolaki E, Qian X. Shifting trust in construction supply chains through blockchain technology ［J］. Engineering, Construction and Architectural Management, 2021, 28 （2）: 584 – 602.

［162］Perego A, Caron F, Marchet G. Project logistics: Integrating the procurement and construction processes ［J］. International Journal of Project Management, 1998, 16 （5）: 311 – 319.

［163］Peter J, Mohammed S, Martyn J. A review of the progress towards the adoption of supply chain management （scm） relationships in construction ［J］. European Journal of Purchasing & Supply Management, 2002, 8: 173 – 183.

［164］Piplani R, Viswanathan S. Coordinating supply chain inventories through common replenishment epochs ［J］. European Journal of Operational Research, 2001, 129: 277 – 286.

［165］Ponnambalam K, Mousavi S, Karray F. A dynamic programming model coupled with fuzzy rule base for reservoir operation optimization ［J］. International Journal of Civil Engineering, 2005, 3 （2）: 67 – 77.

［166］Pooler D J, Pooler V H. Purchasing and supply management: Creating the vision ［M］. Springer Science & Business Media, 1997.

［167］Prade H, Dubois D. Operations on fuzzy numbers ［J］. International Journal of System Sciences, 1978, 9: 613 – 626.

［168］Rao S. Engineering Optimization: Theory and Practice ［M］. New York: John Wiley & Sons, 2009.

［169］Raouf A, Ben-daya M. Inventory models involving lead time as a decision variable ［J］. Operationa Research Society, 1994, 45 （5）: 579 – 582.

［170］Rapine C, Bȧzewicz J, Formanowicz P, Sadfi C, Penz B. An improved approximation algorithm for the single machine total completion time scheduling problem with availability constraints ［J］. European Journal of Operational Research, 2005, 161 （1）: 3 – 10.

［171］Rayburn J C, Snyder W L, Powell H D. Dynamic programming approach to unit commitment ［J］. IEEE Transactions on Power Systems, 1987, 2 （2）: 339 – 348.

［172］Reeves C. A genetic algorithm for flowshop sequencing ［J］. Computers &

Operations Research, 1995, 22 (1): 5 – 13.

[173] Ren Z, Xue X, Shen Q. Critical review of collaborative working in construction projects: Business environment and human behaviors [J]. Journal of Management in Engineering, 2010, 26 (4): 196 – 208.

[174] Roy A R, Dutta P, Chakraborty D. A single-period inventory model with fuzzy random variable demand [J]. Mathematical and Computer Modelling, 2005, 41: 915 – 922.

[175] Russell R, Chiang W. Integrating purchasing and routing in a propane gas supply chain [J]. European Journal of Operational Research, 2004, 154 (3): 710 – 729.

[176] Saghiri S, Zarandi F, Turksen I. Supply chain: Crisp and fuzzy aspects [J]. International Journal of Applied Mathematics & Computer Science, 2002, 12 (3): 423 – 435.

[177] Shawwash Z, Siu T, Nash G. A practical hydro dynamic unit commitment and loading model [R]. IEEE Transactions on Power Systems, 2001, 16 (2): 301 – 306.

[178] Shekarian E, Jaber M Y, Kazemi N et al. A fuzzified version of the economic production quantity (EPQ) model with backorders and rework for a single-stage system [J]. European Journal of Industrial Engineering, 2014, 8 (3): 291 – 324.

[179] Shen G Q, Lin X, Ho C M. Research on corporate social responsibility in the construction context: A critical review and future directions [J]. International Journal of Construction Management, 2017, 18 (5): 394 – 404.

[180] Shen Q, Xue X, Wang Y. A hybrid method for improving agent-based negotiation efficiency in supply chain [J]. IEEE International Conference on Automation and Logistics, 2007, 1 (6): 2540 – 2543.

[181] Shen Q, Xue X, Wang Y. An agent-based framework for supply chain coordination in construction [J]. Automation in Construction, 2005, 14 (3SI): 413 – 430.

[182] Shen Q, Xue X, Wang Y. Multi-agent-based multi-attribute negotiation for supply chain coordination in large-scale construction project [C]//Proceedings of

the World Engineers' Convention 2004, Network Engineering and Information Society, 2004: 415 – 420.

[183] Shi Q, Ding X, Zuo J et al. Mobile Internet based construction supply chain management: A critical review [J]. Automation in Construction, 2016, 72: 143 – 154.

[184] Shi Y, Ebehrart R. Particle swarm optimization: Developments, applications and resources [C]. Proceedings of the 2001 Congress on Evolutionary Computation. Seoul, Korean, 2001.

[185] Shi Y. Particle swarm optimization [J]. IEEE Connections, 2004, 2 (1): 8 – 13.

[186] Silver E A, Pyke D F, Peterson R. Inventory management and production planning and scheduling [M]. New York: Wiley, 1998.

[187] Simatupang T M, Sridharan R. A critical analysis of supply chain issues in construction heavy equipment [J]. International Journal of Construction Management, 2016, 16 (4): 326 – 338.

[188] Simone Z, Lucio E, Ehab B, Mohamad Y. Vendor managed inventory (vmi) with consignment stock (cs) agreement for a two-level supply chain with an imperfect production process with/without restoration interruptions [J]. Computers & Industrial Engineering, 2014, 70: 168 – 175.

[189] Smith A, Coit D. Reliability optimization of series-parallel systems using a genetic algorithm [J]. Reliability, IEEE Transactions on, 2005, 45 (2): 254 – 260.

[190] Solberg B, Petersen A. Greenhouse gas emissions, life-cycle inventory and cost-efficiency of using laminated wood instead of steel construction. Case: beams at Gardermoen airport [J]. Environmental Science & Policy, 2002, 5 (2): 169 – 182.

[191] Songer A D, Al-Sudairi A A, Diekman J E, Brown H M. Simulation of construction processes: Traditional practices versus lean construction [R]//Proceedings of IGLC – 7, Berkeley, CA, 1999: 39 – 50, 72.

[192] Stakhiv E, Shrestha B, Duckstein L. Fuzzy rule-based modeling of reservoir operation [J]. Journal of Water Resources Planning and Management, 1996,

122 (4): 262 – 269.

[193] Staniewski P, Kacprzyk J, Safteruk K. On the control of stochastic systems in a fuzzy environment over infinite horizon [J]. Systems Science, 1981, 7: 121 – 131.

[194] Steven Nahmias. Fuzzy variables [J]. Fuzzy Sets and Systems, 1978, 1 (2): 97 – 110.

[195] Stitt S, Yi J, Labadie J. Dynamic optimal unit commitment and loading in hydropower systems [J]. Journal of Water Resources Planning and Management, 2003, 129 (5): 388 – 398.

[196] Sunke N. Planning of construction projects: a managerial approach [D]. Ph. D. thesis, University of Siegen, German, 2009.

[197] Swanson D, Kaufmann A. Introduction to the theory of fuzzy subsets [M]. Academic Press New York, 1975.

[198] Taylor J, Bjornsson H. Construction supply chain improvements through internet pooled production [J]. Australian Journal of Advanced Nursing A Quarterly Publication of the Royal Australian Nursing Federation, 2010, 13 (2): 3 – 4.

[199] Tayur S, Rao U, Scheller-Wolf A. Development of a rapid-response supply chain at caterpillar [J]. Operations Research, 2000, 48 (2): 189 – 204.

[200] Teng J T, Yang H L, Chern M S. Economic order quantity models for deteriorating items andpartial backlogging when demand is quadratic in time [J]. European Journal of Industrial Engineering, 2011, 5 (2): 198 – 214.

[201] Teshnehlab M, Seydi Ghomsheh V, Khanehsar M A. Improving the non-dominate sorting genetic algorithm for multi-objective optimization [C]. Computational Intelligence and Security Workshops, 2007: 89 – 92.

[202] Tommelein I, Weissenberger M. More just-in-time: Location of buffers in structural steel supply and construction processes [C]//Proceedings of IGLC – 7, Berkeley, CA, 1999: 72, 109 – 120.

[203] Tridas M Sunder K. Impact of electronic data interchange technology on quality improvement and inventory reduction programs: A field study [J]. International Journal of Production Economics, 1992, 28 (3): 265 – 282.

[204] Vrijhoef R, Cuperus Y, Voordijk H. Exploring the connection between

open building and lean construction: Defining a postponement strategy for supply chain management [C]. 10th Annual Conference International Group for Lean Construction, Gramado, Brazil, 2002.

[205] Vrijhoef R. O'Brien W J, London K. Construction supply chain modeling: A research review and interdisciplinary research agenda [C]. Proceedings IGLC, 2002, 10: 1 – 19.

[206] Wang D, Fung R, Tang J. Multi product aggregate production planning with fuzzy demand and fuzzy capacities [J]. Systems Man & Cybernetics Part A: Systems & Humans IEEE Transactions on, 2003, 33 (3): 647 – 669.

[207] Wang W, Chen M. A linear programming model for integrated steel production and distribution planning [J]. International Journal of Operations and Production Management, 1997, 17: 592 – 610.

[208] Wang Z, Wang T, Hu H et al. Blockchain-based framework for improving supply chain traceability and information sharing in precast construction [J]. Automation in Construction, 2020, 111.

[209] Waters-Fuller N. Just-in-time purchasing and supply: A review of the literature [J]. International Journal of Operations & Production Management, 1995, 15 (9): 220 – 236.

[210] Wirth A. Inventory control and inflation: A review [J]. International Journal of Operations & Production Management, 1989, 9 (1): 67 – 72.

[211] Wouters M, Donselaar K, Kopczak L. The use of advance demand information in a project-based supply chain [J]. European Journal of Operational Research, 2001, 130 (3): 519 – 538.

[212] Wu K, Ho C, Chang H, Ouyang L. Integrated vendor buyer cooperative inventory models with controllable lead time and ordering cost reduction [J]. European Journal of Operational Research, 2006, 170: 481 – 495.

[213] Wu K, Ouyang L. Mixture inventory model involving variable lead time with a service level constraint [J]. Computers Operations Research, 1997, 24 (9): 875 – 882.

[214] Wu K, Ouyang L, Yeh N. Mixture inventory model with backorders and lost sales for variable lead time [J]. Journaol of the Operational Research Society,

1996, 47: 829 –832.

[215] Xue X, Shen Q, Li H et al. Improving agent-based negotiation efficiency in construction supply chains: A relative entropy method [J]. Automation in Construction, 2009, 18 (7): 975 –982.

[216] Xue X, Shen Q, Tan Y et al. Comparing the value of information sharing under different inventory policies in construction supply chain [J]. International journal of project management, 2011, 29 (7): 867 –876.

[217] Xu J, Gang J. The resource-constraint project scheduling with multi-mode under fuzzy random environment in the drainage engineering of hydropower [J]. International Journal of Logistics and Transportation Special Issue on Joint Seminar on Uncertainty Decision-Making and Engineering Network, 2010, 177 (3): 1876 –1893.

[218] Xu J, Liu Q R, Zhang Z. Construction supply chain-based dynamic optimization for the purchasing and inventory in a large scale construction project [J]. European Journal of Industrial Engineering, 2015, 9 (6): 839 –865.

[219] Xu J, Li Z. A review on ecological engineering based engineering management [J]. Omega, 2012, 40: 368 –378.

[220] Xu J, Ma Y. Vehicle routing problem with multiple decision-makers for construction material transportation in a fuzzy random environment [J]. International Journal of Civil Engineering, 2014, 12 (2A): 332 –346.

[221] Xu J, Wei P. Production-distribution planning of construction supply chain management under fuzzy random environment for large-scale construction projects [J]. Journal of Industrial & Management Optimization, 2013, 9 (1): 31 –56.

[222] Xu J, Wu Z. A consistency and consensus based decision support model for group decision making with multiplicative preference relations [J]. Decision Support Systems, 2012, 52 (3): 757 –767.

[223] Xu J, Zeng Z. Fuzzy-like multiple objective multistage decision making [M]. Springer International Publishing, 2014.

[224] Xu J, Zeng Z, Han B et al. A dynamic programming-based particle swarm optimization algorithm for an inventory management problem under uncertainty [J]. Engineering Optimization, 2013, 45 (7): 851 –880.

［225］Xu J, Zhang Z. A multi-mode resource-constrained project scheduling model with bi-random coefficients for drilling grouting construction project ［J］. International Journal of Civil Engineering, 2013, 11 （1）: 1 – 13.

［226］Xu J, Zhao L. A class of fuzzy rough expected value multi-objective decision making model and its application to inventory problems ［J］. Computers & Mathematics with Applications, 2008, 56 （8）: 2107 – 2119.

［227］Xu J, Zhou X. Fuzzy-like multiple objective decision making ［M］. Berlin: Springer, 2011.

［228］Xu X, Zhao Y, Chen C Y. Project-driven supply chains: Integrating safety-stock and crashing decisions for recurrent projects ［J］. Annals of Operations Research, 2016, 241: 225 – 247.

［229］Yoshimura M, Nishiwaki S, Kumar R, Izui K. Multi-objective hierarchical genetic algorithms for multilevel redundancy allocation optimization ［J］. Reliability Engineering & System Safety, 2009, 94 （4）: 891 – 904.

［230］Yu Y. Georgakakos A P, Yao H. Control model for hydroelectric energy-value optimization ［J］. Journal of Water Resources Planning and Management, 1997, 123 （1）: 30 – 38.

［231］Zadeh L A, Bellman R E. Decision-making in a fuzzy environment ［J］. Management Science, 1970, 17: 141 – 164.

［232］Zadeh L A. Fuzzy sets as a basis for a theory of possibility ［J］. Fuzzy Sets and Systems, 1978 （1）: 3 – 28.

［233］Zadeh L A. Fuzzy sets ［J］. Information and Control, 1965 （8）: 338 – 353.

［234］Zhang H, Li L. Confidentiality and information sharing in supply chain coordination ［J］. Management Science, 2008, 54 （8）: 1467 – 1481.

［235］Zhou F, Abourizk S M, Al-Battaineh H. Optimisation of construction site layout using a hybrid simulation-based system ［J］. Simulation Modelling Practice and Theory, 2009, 17: 348 – 363.

［236］Zétényi T. Fuzzy sets in psychology ［M］. Elsevier, North Holland, 1998.